三訂

資料組織概説

〈編集〉田窪 直規　岡田　靖
小林 康隆　村上 泰子
山﨑 久道　渡邊 隆弘
共著

樹村房
JUSONBO

監修者の言葉

　1950年に成立した現「図書館法」により，わが国の図書館員の養成が本格的に大学レベルで実施され始めて以来，この約半世紀の間に，図書館をとりまくわが国の社会環境も，図書館も大きく変貌した。館数，施設，蔵書構成など，わが国の図書館環境の整備は世界に誇れる大きな成果ではあるが，図書館サービスそれ自体の水準は日本社会の歴史的，社会的な通念を始め，多くの要因のために，未だ世界の第一級の水準とは言い難い面もある。しかし情報社会の到来を目前に控え，新しい時代の情報専門職にふさわしい，有能で，社会的にリーダーシップのとれる図書館員の養成は社会的急務である。

　わが国の図書館職員，特に公共図書館職員の養成の主流となってきたのは，「図書館法」で定められた司書資格取得のための司書講習の規定であった。この司書講習や講習科目に基づく司書課程を開講し，図書館職員の養成にかかわる大学数も，受講する学生数もこの約半世紀の間に激増した。このような状況の下で，司書養成の内容の改善も両三度図られた。教育の改善は，教育内容と教育時間の両面での充実が考えられるが，今回（1996年）の改訂では，実質的な図書館学の教育時間の増大は図られなかったに等しい。このため教育科目の再構成と各科目内容の充実をもって，司書養成の充実を図ることになった。ここに「図書館法施行規則」の改正による教育科目の再構成が行われたが，一方，各科目の内容の充実は開講校と科目担当者に委ねられることとなった。

　このために図書館学の新教育科目群に対応し，科目担当者の努力を助け，補完し，併せて受講者の理解を深め，学習効果を高めるために，充実した各科目専用のテキスト・教材の整備が，従来に増して，必要不可欠になった。

　わが樹村房の「図書館学シリーズ」は昭和56年の刊行以来，わが国の司書養成のための図書館学のテキストとして，抜群の好評を博し，版を重ねた実績をもつ。そこで今回の司書養成の新教育体制への移行に際し，省令の新科目群に対応した「新・図書館学シリーズ」を刊行することとした。

「新・図書館学シリーズ」の刊行にあたっては，基本的に旧「図書館学シリーズ」の基本方針を踏襲した。すなわち，「図書館学は実学である」との理念の下にアカデミズムのもつ観念的内容とプロフェッショナリズムのもつ実証的技術論を統合し，さらに網羅すべき内容を大学教育での時間の枠に納める調整も行った。また養成される司書には，高学歴化，情報化した社会における知的指導者として，幅広い一般教養，語学力，さらに特定分野の主題専門知識も期待されている。本シリーズでは，この困難な要求に応えるべく，単独著者による執筆ではなく，教育と実務の両面について知識と経験を有する複数の著者グループによる討議を通じて執筆するという旧シリーズの方針を踏襲することとした。

幸いにして，この方針は出版者 木村繁氏の了承されるところとなり，旧「図書館学シリーズ」の編集・執筆に携わった人々の経験と旧シリーズの伝統に加え，さらに新設科目や，内容の更新や高度化に対応すべく，斯界の中堅，気鋭の新人の参加をも得て，最新の情報・知識・理論を盛り込み，ここに「新・図書館学シリーズ」第一期分，12冊を刊行することとなった。

本シリーズにおけるわれわれの目標は，決して新奇な理論書に偏さず，科目担当者と受講者の将来の図書館への理想と情熱を具体化するため，正統な理論的知識と未知の状況への対応能力を養成するための知的基盤を修得する教材となることにある。本シリーズにより，来るべき時代や社会環境の中での求められる図書館職員の養成に役立つテキストブックが実現できたと自負している。また，併せて，本シリーズは，学生諸君のみならず，図書館職員としての現職の方々にもその職務に関する専門書として役立つことを確信している。読者各位の建設的なご意見やご支援を心からお願い申しあげます。

1997年7月

監修者　高山　正也
植松　貞夫

三訂の序

　近年，資料組織の世界では，ネットワーク情報資源への注目が高まっており，これの組織について，ある程度踏み込んで触れることが，求められるようになってきた。また，昨年，日本目録規則1987年版の改訂3版も刊行された。今回，これらのことを意識して，三訂版を出すことになった。その結果，最新の内容を盛り込むことができた。

　今回の改訂に際して，執筆者に，特に次の二点をお願いした。
① 初学者が読んで分かる内容とする。
② 専門学校ではなく大学の教科書であるから，考え方や背景的な知識を重視する。

　今回の改訂では，ネットワーク情報資源の資料組織や目録法に関する章以外も，上記①，②の観点から，全体的な見直しが行われている。

　以下，前版と比較しつつ本版の章構成について述べる。第1章の章題を「資料組織：その目的・意義と概要」とし，この章を，次章以下の理解を促進するための導入章として，明確に位置づけた。第2章の章題は，前版と同じく「目録法」であるが，ここは，日本目録規則1987年版改訂3版に基づきつつ，全面的に書き改めた。前版の第3章は，「目録データベース」という章であった。今回，章題を「コンピュータ技術と目録法」に改め，この章で，ネットワーク情報資源の資料組織についても，踏み込んで触れることにした。第4章と第5章の章題は，前版と同じく，それぞれ「主題組織法」「分類法」である。しかしながら，内容的には全面改訂されている。前版では，第6章が「件名法」，第7章が「シソーラスと非統制語」であった。今回の版では，これらをまとめて第6章とし，章題も，「語による主題検索：自然語，件名法，シソーラス」に改めた。それゆえ，前版の第8章「書誌コントロール」が，この版の第7章にスライドしてきたが，内容は全面改訂されている。第8章を補章とし，ここで，図書館の類縁機関である文書館や博物館の資料組織について言及した。今

後，図書館にも，文書館や博物館と協力関係を構築することが求められよう。したがって，今後の図書館員には，少なくとも，文書館や博物館の資料組織に関する素養程度の知識くらいは，必要になるものと思われる。これが，補章という位置づけではあるものの，この章を新設したゆえんである。

なお，今回，用語解説を省略したが，索引を充実させることで，この点を補った。

執筆分担は以下のとおりである。第1章：田窪直規，第2章：渡邊隆弘，第3章：村上泰子，第4章：山﨑久道，第5章：小林康隆，第6章：岡田靖，第7章：渡邊隆弘，第8章：田窪直規。なお，編集は田窪直規が行った。出版社の担当は大塚栄一である。

我々としては，最新の内容を盛り込んだ，よい三訂版ができたと喜んでいる。しかし，非才ゆえの見落としや誤りもあろう。この版の改善点を見つけた読者は，是非，出版社にその点をお知らせいただきたい。次期改訂にご指摘の点を反映させ，よりよいものを提供したいと願っている。

平成19年2月22日

編集責任者　田窪　直規

改訂の序

　本書の初版が平成9年に刊行されてから既に4年の歳月が経過した。現代は情報技術の発達・発展により，社会が大きく変化している時代であり，図書館もその例外ではない。この間，図書館の資料組織の領域では，次のような大きな変化が起こった。

　1998年に，生涯学習審議会社会教育分科審議会計画部会図書館専門委員会が『図書館の情報化の必要性とその推進方策について－地域の情報化推進拠点として－（報告）』を出し，これからの公共図書館のあり方の基本的な方針を打ち出した。この報告の骨子は，① 地域電子図書館構想，② 住民の情報活用能力の育成，である。

　1999年には，日本図書館協会から『基本件名標目表』第4版が刊行された。第3版は1983年に刊行されており，16年ぶりの改訂である。第4版は内容的に充実したばかりでなく，シソーラスの方法を採用して，件名標目や参照語との意味的な関係などを一層明確にしている。

　2000年8月には，日本図書館協会から『日本目録規則1987年版改訂版　第9章 電子資料』が出された。これに基づいて 2001 年8月には，『日本目録規則1987年版改訂2版』が刊行された。この改訂の目的は，パッケージ系電子資料だけでなく，ネットワーク系電子資料にも対応するためである。

　このような大きな変化に対応するために，本書の内容と構成を抜本的に改める必要が生じ，次のような改訂を行った。

　初版の「第2章 書誌コントロール」を第8章とし，「第3章 目録法」を第2章とした。その理由は，「目録法」や「分類法」などの実務的な知識や技能を最初に教えた方が，書誌コントロールの概念を理解させやすいと考えたからである。

　初版の「第3章 目録法」の中の「JAPAN/MARC」および「USMARC」と「第9章 目録データベースの作成」をまとめて「第3章 目録データベー

ス」とした。これにより，「第2章 目録法」との連携を図り，目録データベースの内容を充実させることができた。

初版の「第7章 シソーラス」と「第8章 非統制語」をまとめ，「第7章 シソーラスと非統制語」とした。これにより，「第5章 分類法」と「第6章 件名法」との関係を明確にすることができた。

初版ではカード目録を資料組織の基本としていたが，改訂版ではオンライン閲覧目録（OPAC）を資料組織の基礎に置いて各章を構成した。これに伴い，各章の内容に関するOPACの実例も多く示し，図書館の現状との関係が具体的にわかるようにした。

ネットワーク系電子資料の組織化については，『日本目録規則1987年版改訂2版』の「第9章 電子資料」に基づくMARCによるアプローチと，図書館を含めた幅広い分野を対象としたダブリン・コアのメタデータによるアプローチがある。ネットワーク系電子資料の組織化は一部実用化されているが，しかしまだ流動的であるので，その記述については最小限にとどめた。しかしこのテーマは，これからの資料組織にとって非常に重要であるので，その進展に並行して，適宜，補う必要があると思われる。

実際の授業において時間数が限られている大学では，「第5章 分類法」の6.国際十進分類法，7.デューイ十進分類法，8.米国議会図書館分類法，および「第6章 件名法」の4.国立国会図書館件名標目表，5.米国議会図書館件名標目表，などは概要だけを扱うなどの取捨選択を行うことを勧める。また，欧文用語や頭字語，その他の専門用語は，可能な限り「用語解説」に含める努力をしたので，「用語解説」を有効に利用されることを期待する。

本書の改訂にあたっては，初版と同様，大城と倉橋が編集責任者となり，全体の企画と調整を行い，倉橋（第1章，第7章，第8章），大城（第4章，6章），岡田（第2章，／3.英米目録規則は渡部），渡部（第3章，第5章）がそれぞれ分担執筆した。

平成13年9月29日

編集責任者
大城 善盛　倉橋 英逸

序　文
（初版の序）

　平成8年9月に「図書館法施行規則」が改正されたが，本書は，その司書講習科目「資料組織概説」のテキストとして刊行するものである。「資料組織概説」は従来の「資料目録法」および「資料分類法」を継承するものであるが，図書館における資料組織の変化に合わせ，情報化時代の資料組織に十分対応できるよう，内容を刷新している。

　旧「図書館法施行規則」に定められた司書講習科目が設定された時代と比べ，現在の図書館の資料組織の方法は次のように変化したと考えられる。

　① ISBD や UNIMARC などによる目録法の国際的標準化により，図書館の目録は個々の図書館の壁を越えた地域的，全国的，世界的な書誌コントロールの中に位置づけられるようになった。② 図書館における主題検索は，従来は件名目録や図書分類により行われてきたが，OPACの導入や件名標目表のシソーラス化などにより，主題アクセスに情報検索の手法が採り入れられ，主題アクセスの方法が多様化した（本書ではこれらの主題アクセスの方法の全体を主題コントロールと呼んでいる）。③ 図書館のネットワーク化により，総合目録データベースや個々の図書館の目録データベースの相互検索が可能となり，図書館間相互貸借などによる資源共有が進んだ。

　これらの変化により，目録データベースと書誌・索引データベースとの差は少なくなった。また，主題アクセスの方法と書誌的アクセスの方法は個別的な存在ではなく，総合的に機能するようになった。

　このように，図書館における資料組織の方法は，個々の図書館の壁を越えて，地域的，全国的，世界的な拡がりをもち，これは人類の知識の組織化としてとらえることができる。また，各々の図書館の資料の組織化は，その一翼を担い，それに貢献をしていると位置づけることができる。目録データベースと書誌データベースとの接近により，従来の「資料目録法」と「資料分類法」の枠を越えて，新しく授業内容と方法を再編成する必要が出てきた。

現在，あらゆる分野でいわゆるボーダーレス化が進んでいるが，図書館情報学の分野でも，情報技術の導入により，従来の「資料目録法」と「資料分類法」の境界がなくなり，「資料組織法」として統合されたことの意義は大きい。

　本書は，省令科目としての「資料組織概説」の内容はすべて網羅していることはいうまでもないが，図書館における資料組織は書誌コントロールと主題コントロールの上に成立するものとしてとらえ，書誌コントロールのもつ対象範囲の網羅性と主題コントロールのもつ主題アクセスの総合性の視点から構成されている。従来の「資料目録法」や「資料分類法」と比較すると，資料組織の観点から情報検索や書誌データベースの手法も採り入れているので，少し従来の枠を越えていると感ずる向きもあるかも知れないが，図書館の資料組織を広い視野に立ち，包括的に理解できるように構成したつもりである。

　このような考え方から，われわれは，現在の図書館の資料組織に必要な知識ベースを網羅しているだけでなく，5年先の図書館の変化にも十分耐えられる内容にすることができたと密かに自負している。ただし，これまでのカード目録をベースとする「資料目録法」と「資料分類法」で教えられた内容は，目録データベースやOPACの，① 基礎となる知識および技術として，② 基本となる書誌的情報として重要であり，これらも十分に教えられるように構成している。

　実際の授業においては時間数が限られているので，米国議会図書館分類表，米国議会図書館件名標目表，シアーズ件名標目表，およびPRECISなどは概要だけを扱うなどの取捨選択を行うこともできる。

　本書は，大城と倉橋が編集責任者となって全体の企画と調整を行い，倉橋（第1章，第2章，第7章，第8章，第9章），大城（第4章，第6章），岡田（第3章），渡部（第5章）が分担・執筆した。

　図書館の環境が激変している中で，限られた時間内に執筆したために，細部については調整すべき点があるかと思われるが，今後の社会の変化に応じ，充実を図っていきたい。

　平成9年10月10日

編集責任者　大城　善盛　倉橋　英逸

「三訂 資料組織概説」も　く　じ

監修者（シリーズ）の言葉… i 　　三訂の序………………………… iii
改訂の序……………………… v 　　序　　文………………………… vii

第1章　資料組織：その目的・意義と概要…………………………… 1

1．資料組織とは：その意義と目的………………………………… 1
　(1) 資料組織とその目的………………………………………… 1
　(2) 資料組織の意義……………………………………………… 1
2．サービスとしての資料組織……………………………………… 2
3．検索の種類：特定資料検索と主題検索………………………… 2
4．資料組織の方法：書架分類と目録……………………………… 3
　(1) 書架分類……………………………………………………… 3
　(2) 目録…………………………………………………………… 4
　　　a．記述　5　　b．アクセス・ポイント　5
　　　c．所在記号　8
5．図書館関連分野の資料組織……………………………………… 8
　(1) 書誌と索引・抄録…………………………………………… 8
　(2) ネットワーク情報資源の資料組織………………………… 9
　(3) 文書館や博物館の世界の資料組織……………………… 10

第2章　目録法………………………………………………………… 11

1．目録と目録法の意義…………………………………………… 11
　(1) 目録とは…………………………………………………… 11
　(2) 目録の必要性……………………………………………… 11
　(3) 書誌情報と目録法………………………………………… 13
2．目録法の基本的な考え方……………………………………… 14
　(1) カード目録とOPAC……………………………………… 14
　(2) 目録に対する検索要求：既知の資料と未知の資料…… 14

         a．特定（既知）の資料を探す　15
         b．未知の資料を探す　15
      (3) 目録に求められる基本的機能……………………………15
         a．特定資料の検索（識別機能）　15
         b．未知の資料の検索（集中機能）　16
      (4) 目録の対象：「著作」と「版」……………………………17
      (5) カード目録の構成要素と目録法…………………………18
         a．記入と書誌的記録　18　b．記述（書誌記述）　19
         c．標目　19　d．標目指示　20　e．所在記号　20
      (6) コンピュータ目録の構成要素……………………………20
      (7) 記述と標目の分離…………………………………………21
      (8) 目録の種類…………………………………………………22
         a．カード目録の種類　22
         b．コンピュータ目録の場合　22
  3．目録法と目録規則………………………………………………22
      (1) 記述目録法と主題目録法…………………………………22
      (2) 目録規則とその構成………………………………………23
      (3) 記述と標目の関係：基本記入方式と等価標目方式………23
  4．記述とその標準化………………………………………………25
      (1) 記述の目的…………………………………………………25
      (2) 記述の標準化：国際標準書誌記述（ISBD）……………25
      (3) 記述の枠組みと原則………………………………………26
         a．記述の対象　26　b．記述の構成　27
         c．さまざまな資料の記述（資料種別）　28
         d．各エレメントの記録内容　28
         e．情報源と「転記の原則」　29
         f．記述文法と「区切り記号法」　29
      (4) 記述に関わる新動向………………………………………30
         a．資料種別概念の見直し　30
         b．書誌レコードの機能要件（FRBR）　31

5. 標目とその標準化 …… 32
(1) 標目の目的と対象 …… 32
(2) 標目の標準化：パリ原則 …… 32
(3) 標目の枠組みと原則：統一標目と典拠コントロール …… 33
  a. 標目の選定 33　b. 集中機能と統一標目 33
  c. 参照 34　d. 典拠コントロール 35
  e. タイトル標目の場合 35
(4) 標目に関わる新動向 …… 36

6. 目録法の歴史と動向 …… 37
(1) 西洋の目録規則：英米目録規則を中心に …… 37
  a. 近代目録規則の誕生 37　b. 目録原則の統一 38
  c. 英米目録規則（AACR）の整備 38
  d. 目録規則抜本改訂の動き 39
(2) 『日本目録規則』（NCR）の展開 …… 39

7. 日本目録規則（NCR）1987年版 …… 40
(1) 特徴と構成 …… 40
(2) 書誌階層と書誌単位 …… 41
(3) 記述の諸相 …… 43
  a. 資料種別と記述の各章 43　b. 記述の原則 43
  c. 書誌的事項の内容（図書の例） 43
  d. 継続資料の記述（逐次刊行物の例） 46
  e. その他の資料の記述 48
(4) 標目と排列 …… 48

第3章　コンピュータ技術と目録法 …… 50

1. OPAC …… 50
(1) OPACの利点 …… 51
(2) OPACの実例：国立国会図書館のNDL-OPAC …… 52

2. MARC …… 52
(1) MARC概説 …… 52

(2) MARCフォーマットの特徴……………………………54
　　　(3) MARC交換用フォーマット……………………………54
　　　(4) JAPAN/MARC……………………………………………55
　3．コンピュータを用いた目録作成………………………………60
　　　(1) 集中目録作業……………………………………………60
　　　(2) 共同目録作業と書誌ユーティリティ…………………61
　　　(3) 北米の書誌ユーティリティ……………………………63
　　　(4) 日本の書誌ユーティリティ……………………………65
　　　　a．国立情報学研究所　65
　　　　b．国立国会図書館の総合目録ネットワーク事業　68
　4．ネットワーク情報資源の資料組織……………………………69
　　　(1) ネットワーク情報資源と検索エンジン………………69
　　　(2) メタデータ………………………………………………70
　　　(3) ダブリン・コア・メタデータ・エレメント・
　　　　セット（DCMES）………………………………………73
　　　(4) メタデータとMARC……………………………………75
　　　(5) さまざまなメタデータ構築事業………………………77
　　　　a．OCLC CORCとConnexion　77
　　　　b．NIIメタデータ・データベース共同構築事業と機関
　　　　　リポジトリ　78
　　　　c．国立国会図書館の電子図書館事業とメタデータ　80

第4章　主題組織法…………………………………………………………82
　1．主題組織法の意義………………………………………………82
　2．主題組織のプロセス……………………………………………83
　3．分類法と件名法…………………………………………………84
　4．自然語と統制語…………………………………………………84
　5．事前結合索引法・事後結合索引法とファセット分析………86
　6．主題索引（検索システム）の評価……………………………90
　7．索引の基本構造とインバーテッド・ファイル………………91

第 5 章 分類法……94

1．分類の基本原理……94
   (1) 分類とは……94
   (2) 分類の原理……95
   (3) 区分の3要素……95
   (4) 区分の原則……95
2．図書館分類法とは：その意義，役割および機能……96
   (1) 分類法の意義……97
   (2) 分類法の役割……97
   (3) 分類法に求められる機能……97
3．分類法の種類……97
   (1) 書誌分類法と書架分類法（機能から見た種類）……98
   (2) 列挙型分類法と分析合成型分類法（構造から見た種類）…99
   (3) 一館分類法と標準分類法（使用する図書館の範囲から見た種類）……104
   (4) 一般分類法と専門分類法（対象主題領域から見た種類）…104
   (5) 純粋記号法と混合記号法（記号法から見た種類1）……104
   (6) 十進分類法と非十進分類法（記号法から見た種類2）…105
   (7) 観点分類法（第一区分原理から見た種類）……105
4．分類法の歴史……106
   (1) 西洋……106
      a．古代から近代分類法が出現する以前まで　106
      b．近代分類法出現以降　107
   (2) 日本……110
5．日本十進分類法（NDC）……112
   (1) NDCの概要……112
   (2) 区分肢数の調整：十進という制約との関係で……113
   (3) 分類表の構造……116
   (4) 各類の構成……119

(5) 補助表 ……………………………………………………121
　　　　　a. 一般補助表 121　　b. 固有補助表 128
　　　(6) 相関索引 ……………………………………………………128
　6．分類規程 …………………………………………………………129
　　　　　a. 主題と形式 130　　b. 複数主題 130
　　　　　c. 主題と主題との関係 131　　d. 理論と応用 132
　　　　　e. 主題と材料 133　　f. 多数の観点から見た主題 133
　　　　　g. 主題と読者対象 133
　　　　　h. 原著作とその関連著作 134　　i. 新主題 135
　7．分類作業と所在記号 ……………………………………………135
　　　(1) 主題分析 ……………………………………………………136
　　　　　a. 必要な主題概念を選び出す 136
　　　　　b. 簡潔な要約に変換する 136
　　　(2) 分類記号への変換 …………………………………………137
　　　(3) 所在記号の付与 ……………………………………………138
　　　　　a. 分類記号の付与 139　　b. 図書記号の付与 139
　　　　　c. 補助記号 141　　d. 別置記号 141

第6章　語による主題検索：自然語，件名法，シソーラス ………142
　1．語による検索とは ………………………………………………142
　2．自然語による検索 ………………………………………………142
　3．統制語による検索 ………………………………………………146
　　　(1) 統制語による検索とは ……………………………………146
　　　(2) 件名標目表 …………………………………………………148
　　　　　a. 件名標目表とは 148
　　　　　b. 基本件名標目表（BSH）149
　　　　　c. 国立国会図書館件名標目表（NDLSH）157
　　　　　d. 米国議会図書館件名標目表（LCSH）159
　　　　　e. 件名規程と件名作業 162
　　　(3) シソーラス …………………………………………………164

         a. シソーラスとは　164
         b. JICST（JST）科学技術用語シソーラス　165
         c. その他のシソーラス　167

第7章　書誌コントロール ………………………………………………171

　1．書誌コントロールの意義 ……………………………………………171
　　(1)　書誌コントロールとは ……………………………………………171
　　(2)　書誌コントロールのレベル ………………………………………172
         a.「単位レベル」の書誌コントロール　172
         b.「複合レベル」の書誌コントロール　172
　2．書誌コントロールの歴史 ……………………………………………173
　　(1)　前近代 ……………………………………………………………173
　　(2)　世界書誌と「ドキュメンテーション」 …………………………173
　　(3)　全国書誌の作成と書誌情報の流通 ………………………………174
         a．全国書誌　174　　b．印刷カード　175
　　(4)　国際書誌コントロール活動 ………………………………………175
         a．IFLAの書誌コントロール活動　175
         b．その他の国際書誌コントロール活動　176
　3．書誌コントロールに関わる諸活動と成果 …………………………176
　　(1)　書誌情報の作成と流通 ……………………………………………176
         a．『日本全国書誌』：全国書誌の一例として　176
         b．国内書誌コントロールをめぐる問題　177
         c．CIP（Cataloging In Publication）　178
         d．書誌情報の相互利用性　179
　　(2)　書誌コントロールに関わる国際標準 ……………………………179
         a．記述目録法　180　　b．MARCフォーマット　180
         c．主題目録法　180
         d．メタデータ　181　　e．書誌情報の検索　181
         f．標準番号（識別番号）　181　　g．学術情報流通　182

第8章　補章：文書館や博物館における資料組織 …………………183

1．文書館の資料組織 …………………………………………183
　(1)　標準化の動向 …………………………………………183
　(2)　国際標準記録史料記述一般原則（ISAD(G)）…………184
　(3)　団体，個人，家のための国際標準記録史料典拠
　　　レコード（ISAAR（CPF））………………………………185
　(4)　符号化記録史料記述（EAD）…………………………185
2．博物館の資料組織 …………………………………………185
　(1)　標準化の動向 …………………………………………186
　(2)　博物館資料情報のための国際指針 ……………………186
　(3)　概念参照モデル（CRM）………………………………187

参考文献 …………………………………………………………188
さくいん …………………………………………………………190

第1章　資料組織：その目的・意義と概要

この章では，資料組織の目的・意義を明確にし，これについて概略説明を試みる。これらのことを通じて，次章以下の理解を促進したい。

1．資料組織とは：その意義と目的

（1）　資料組織とその目的

通常の個人コレクションのように資料数が少ない場合は，無秩序な状態で資料を所蔵していても，必要とする資料を検索（retrieve）する（探し出す）ことができよう。これに対して，図書館の場合は，小規模なものでも1万冊前後，少し大規模なものになると百万冊を超える資料を所蔵している。こうなると，無秩序な状態で資料を所蔵していたのでは，必要とする資料を検索するのは難しい。

そこで，「資料組織」が必要になる。これは，資料や資料情報を組織して，すなわち，これらに秩序や構造を与えて，資料を検索できる状態にすることを目的とするものである。なお，資料組織は，「資料組織化」「情報組織化」とも呼ばれており，伝統的には「整理技術」とも呼ばれてきた。

（2）　資料組織の意義

利用者や図書館員が，求める資料を検索できないと，図書館は機能せず，サービスも展開できない。資料を検索できてこそ，館内閲覧や館外貸出しというサービスが成立するし，レファレンス・サービスやその他のサービスも，提供可能となる。資料を検索可能な状態にすることを目的とする資料組織は，上述のことからわかるように，図書館サービスの基盤を形成するものであり，図書館というサービス機関を成り立たせるための鍵を握るものである。それゆえ，これは，図書館にとって，根本的・本質的なものといえる。

2．サービスとしての資料組織

　上で，資料組織を図書館サービスの基盤を形成するものととらえたが，これ自体をサービス，すなわち，利用者が資料を検索できる状態にするサービスととらえることもある。この場合，資料組織は，技術的，間接的なサービスとみなされ，「テクニカル・サービス」や「間接サービス」と呼ばれる。なお，正確に述べると，このサービスの業務には，資料組織にかかわる業務のほか，選書，発注，受け入れ，保存といった，コレクションの構築・維持にかかわる業務も含まれる。ただし，本書は資料組織に関するものなので，これらの業務は本書の対象外である。

　一方，閲覧サービス，貸出サービス，レファレンス・サービスなどは，利用者（パブリック）に対する直接的なサービスとみなされ，「利用者サービス（パブリック・サービス）」や「直接サービス」と呼ばれる。狭義に図書館サービスという場合は，このサービスを指す。なお，これの詳細については，本シリーズ第3巻の『図書館サービス論』を参照されたい。

3．検索の種類：特定資料検索と主題検索

　図書館における検索は，簡略化すれば，「特定資料検索」と「主題検索」に分かれる。

　特定資料検索とは，求める特定の資料がその図書館に所蔵されているかどうかを確認する場合になされる検索のことである。例えば，夏目漱石の『坊っちゃん』（という特定の本）を検索する場合が，これにあたる。特定資料検索の場合，伝統的には，著者やタイトルが「アクセス・ポイント（access point）」として採用されてきた。なお，「アクセス・ポイント」とは，検索の手がかりとなる情報のことである。

　主題検索は，特定資料検索とは異なり，求める資料が特定されていない場合に行われる。例えば，サッカーに関する本の検索が，これにあたる。この場合，図書館利用者は，特定のサッカーに関する本（例えば，○○が著した『サ

ッカー入門』）の有無を確認するために検索を行うのではなく，何らかのサッカーに関する本を検索したいのである。このような場合の検索には，伝統的に「主題（subject）」がアクセス・ポイントとして採用されてきたので，これは主題検索と呼ばれている。

　「主題」とは，資料の中心的な内容のことであり，「この資料は，一言で述べると××について記されたものである」という場合の，「××」におおよそ相当するものである。上述の資料の場合，「サッカー」が主題となる。図書館では，主題は，このように語（名辞）で表現されることもあるが，分類記号で表現されることも多い。

4．資料組織の方法：書架分類と目録

　図書館の資料組織は，「書架分類」と「目録」という二つの方法で行われてきた。本章の最初の方で，資料組織は資料や資料情報を組織するものであるということを述べたが，資料を組織するのが書架分類であり，資料情報を組織するのが目録である。ここでは，この両者の仕組みについて，概略説明したい。

（1）　書　架　分　類

　「書架分類（shelf classification）」は，基本的に，主題検索を可能にするためのものであり，主題などに基づいて，資料を「分類順」（正確には「所在記号順」）に排架する（書架に排列する）[1]ことによって，利用者が求める資料を検索できるようにするものである。

　分類順という秩序を付けて資料を排架すると，類似した資料が連続して並び，大分類，中分類，小分類などといった入れ子構造の資料のグループが形成される。図書館には，どのあたりにどのようなグループ（大グループ）の資料が排架されているかがわかるように平面図が設置されており，各書架には，どのようなグループ（中グループ）の資料が排架されているかがわかるようにサイン（案内板）が付けられており，各書架の各棚にも，同様なサイン（小グル

---

1)　「配架」や「配列」と記されることもあるが，正式には「配」ではなく，「排」を用いるので，本書においては「排」の字を採用することにした。

ープのサイン）が付けられている。利用者は，平面図や，書架や棚のサインに導かれて，大グループから中グループへ，中グループから小グループへと，分類の入れ子構造をたどることによって，自身の求める資料の箇所に導かれ，その結果，求める資料を検索できるというわけである。

（2）目　　録

　書架分類は非常に便利なものであり，多くの利用者が書架分類を利用して資料を検索している。しかし，これのみでは，利用者は求める資料を検索できるとは限らない。例えば，書架分類は，著者やタイトルをアクセス・ポイントとする特定資料検索には，あまり役立たない。また，書架分類は，現物の資料，つまり一つの"物"としての資料を分類するものなので，主題が複数ある資料でも，一箇所にしか分類できない（排架できない）。だから，このような資料の場合，書架分類に使用した主題以外の主題からは，検索できない。さらに，書架分類は，利用者が自由にアクセスできる開架書庫にある資料しか検索できず，利用者が直接アクセスできない閉架書庫にある資料には無力である。そのほか，閲覧中や貸出し中の資料も，これによっては検索されない。

　「目録（catalog）」は，上記の書架分類の弱点をすべてカバーすることができる。これは，資料そのものではなく資料情報を対象とするものなので，その資料を検索するのに必要とされるアクセス・ポイントを必要な数だけ付与できる。当然，特定資料検索のためのアクセス・ポイントを付与できるし，主題検索のためのアクセス・ポイントも付与できる。それも，資料の主題が複数ある場合には，主題の数だけ付与できる。つまり，目録によって，特定資料検索も主題検索も関係なく，あらゆる角度からの様々な検索が可能になるのである。また，現物資料ではなく情報を対象とするということは，資料が閲覧中か貸出し中かに関係なく検索できるということをも意味している。さらに，通常，開架書庫にある資料のみならず，閉架書庫の資料も目録の対象とされるので，図書館が所蔵するすべての資料が，目録によって検索可能となる。

　なお，目録には，複数の図書館の資料を対象とするものもあり，このような目録は，「総合目録（union catalog）」と呼ばれている。利用者の求める資料がその図書館になく，「図書館間相互貸借（Inter Library Loan：ILL）」によっ

て利用者に資料を提供する場合，協力館間の総合目録があれば大変便利である。また，近年主流となっているコンピュータによる目録は，「オンライン閲覧目録（Online Public Access Catalog：OPAC）」などと呼ばれている。

目録は，「書誌情報（bibliographic information）」（資料の検索等に必要な情報）の集合体といえる。書誌情報の主要要素は，「記述」「アクセス・ポイント」「所在記号」である[1]。そこで，以下，これらについて述べる。なお，OPACでは，書誌情報を記録したものを，「書誌レコード」（や「目録レコード」）と呼んでいる。

a. 記　　　述

書架分類を利用した検索では，資料が直接検索されるので，検索された資料が自身の求めるものかどうかを直接確認することができる。ところが，目録では，直接資料が検索されるのではなく，書誌情報が検索されることになり，検索結果も書誌情報の形で表示される。したがって，書誌情報には，検索された資料が自身の求めるものかどうかを確認するための情報が含まれねばならない。このための情報が「記述（description）」である。通常，これは，資料のタイトル，著者，版次，出版社，出版年，サイズなどに関する情報から構成される。

b. アクセス・ポイント

これは，既述のように検索の手がかりとなる情報である。OPACでは，基本的に，書誌情報中のすべての情報が「アクセス・ポイント」となりうる。しかし，伝統的には，「著者」「タイトル」「主題」からの検索を保障することが重視され，これらの情報が，特に，アクセス・ポイントとして，記述とは別に付与されてきた。

このようなアクセス・ポイントには，その機能が十分に発揮できるよう，「統制語（controlled vocabulary）」と呼ばれるものが採用されてきた。統制語は，語や記号を人工的に統制（コントロール）するものである。これに対し

---

1) ただし，一般には，所在記号は書誌情報とは別のものとされることが多い（実際，2章では，原則として両者を別のものとして扱っている）。なお，書誌情報に所在記号を加えたものを目録情報や書誌的記録などと呼ぶことがある。2章では，基本的にこのような意味で書誌的記録という用語を使用している。

て，自然に思い付く語などは，「自然語 (natural language)」や「非統制語 (non-controlled vocabulary)」と呼ばれている。なお，アクセス・ポイントに採用される語のことを，「索引語」という。

1) 統制語 自然語をアクセス・ポイント（索引語）に採用すると，「同義語」の問題が生じる。例えば，「図書」「書籍」「本」は同義語と考えられる。ここで，図書に関する資料を探す場合を考えよう。この場合，資料組織を行う人が「書籍」という語を思いつき，これをアクセス・ポイントとして採用し，検索する人が「本」という語を思いつき，この語でアクセス・ポイントを探すと，ミス・マッチが起こり，この検索は失敗に終わる。

それゆえ，図書館では，伝統的に「統制語」を用いてきた。統制語の場合，同義語などが整理され，使用すべき語や記号が統制される（決められる）。統制語を用いれば，資料組織を行う人は，その統制にしたがって語や記号を選び，アクセス・ポイントを付与することができ，資料を探す人は，その統制にしたがって語や記号を選び，アクセス・ポイントを探すことができるので，理論的には，ミス・マッチは起こらず，検索は成功裏に終わる。

語を統制するためには，そのよりどころとなる「統制語彙表」が必要になる。主題による検索のための統制語彙表としては，「件名標目表 (subject heabings)」や「シソーラス (thesaurus)」や「分類表 (classification shedule)」と呼ばれるものが使用されてきた。件名標目表やシソーラスは，語と語の関係を整理し，同義語などのうち，どの語を用いるのかを記したものであり，分類表は，概念間の関係を整理して，これを記号化したものである。例えば，件名標目表やシソーラスでは，「図書」「書籍」「本」のうち，どれがアクセス・ポイントとして採用されるのかが記されており，分類表では，これらは同一分類記号で表される。

主題のみならず，著者名やタイトルも統制される。すなわち，著者名の場合は，複数のペンネームを持つ著者などの名前が統制され，タイトルの場合は，複数のタイトルを持つ著作のタイトルが統制されるのである（有名な例は，同一著作が，「アラビアン・ナイト」「アラビア夜話」「千一夜物語」「千夜一夜物語」という異なるタイトルで出版されている例である）。これらの場合，統制のよりどころとなるものとして，「典拠ファイル (authority file)」と呼ばれる

ものが作成される。これには，使用されるべき著者名やタイトルが記録され，蓄積される。

2) **自然語** 最近，OPACでは，簡易検索などと称し，ウェブ・サイトやページの検索エンジンと同様，入力ボックスを一つ設定し，そこに思いついた語（「自然語（natural language）」）を入れて検索するというインタフェースが，前面に出される傾向にある。このボックスに語が入力されると，コンピュータは，書誌情報のどこかにその語が含まれている書誌レコードを検索するのである。

簡易検索は利用者にとって非常に便利であり，よく利用されるのだが，これには自然語検索の欠点が現れることを忘れてはならない。統制語のところで使用した例を再用すれば，図書に関する資料を探そうと「図書」という語でOPACを検索すると，書誌レコードに「図書」という語が含まれておらず，「書籍」や「本」という語が含まれる資料は，検索されないということになる。

ただし，自然語は欠点ばかりのものではない。これには，例えば，最新の語で検索できるという長所もある。これに対して，統制語は，最新の語による検索に弱い。例をあげれば，日本の標準的な分類表である『日本十進分類法（Nippon Decimal Classification：NDC）』の最新版は1995年に刊行され，日本の標準的な件名標目表である『基本件名標目表（Basic Subject Headings：BSH）』の最新版は1999年に刊行されたが，前者には「ホーム・ページ」に適切に対応する（"ジャスト・フィット"する）分類記号が用意されていないし，後者には，「ホーム・ページ」という語は収録されているものの（ただし，BSHでは「ホーム・ページ」ではなく，「ホームページ」と表記），「ブログ」という語は収録されていない。

3) **標目** OPACが普及する以前は，「カード目録」が主に使用されていた。これは，一枚一枚のカードに書誌情報を記録し，これをアクセス・ポイントの順番（字母順（例えばアイウエオ順）や分類記号順）に並べたものである。カード目録では，カードを繰りながら，自身の求めるアクセス・ポイント（を含むカード）を探すので，アクセス・ポイントは，見やすいように，カードの一番上（頭の部分）に記されている。それゆえ，カード目録のアクセス・ポイントは，英語で"heading"と呼ばれている。日本語では，これを「標

目」と訳している[1]。

c. 所在記号

アクセス・ポイントによって自身の求める資料を検索し、記述によって確かにその資料が自身の求める資料であることを確認しても、その資料の所在が確認できなければ、その資料を利用することができない。したがって、目録の書誌情報には所在情報が不可欠である。この所在情報を表示するものが、「所在記号（location symbol）」（や「請求記号」や「書架記号」や「排架記号」など）と呼ばれているものである。

図書館の資料は所在記号順に排架されている。それゆえ、所在記号がわかれば資料の所在（位置）が判明する。所在記号は、基本的には、「分類記号」と「図書記号」から構成される。図書記号は同一分類記号を有する図書の間に排列順序を付けるための記号である。

5．図書館関連分野の資料組織

図書館の目録と類似したものに「書誌（bibliography）」や「索引（index）」「抄録（abstracts）」というものがあるので、ここでは、これらについて触れ、その一方で、ネットワーク情報資源（ウェブ・サイト、ページ）や文書館・博物館における資料組織の動向について、簡単に述べる。

（1）書誌と索引・抄録

資料組織は、図書館の所蔵資料のみを対象とするものではない。図書館の所蔵資料かどうかにとらわれない資料組織も存在する。このような資料組織の成果物は、「書誌」や「索引」「抄録」と呼ばれている。

「書誌」は出版物の書誌情報を組織し、リスト・アップしたものである。主題分野や資料種別ごとに、さまざまな書誌が作成されている。

1）ただし、「標目」と「アクセス・ポイント」は、常にこのように理解されているとは限らない。例えば、2章では、基本的に、目録規則で規定されている検索の手がかりとなる情報に「標目」という用語を使用し、そのほかの検索の手がかりとなる情報に「アクセス・ポイント」という用語を使用している。

これを利用すれば，求める資料が"世の中に"存在するかどうか確認（検索）できる。例えば，卒業論文を書く場合，その分野の書誌を利用すれば，"世の中に"存在する自身の卒業論文と関係する資料を検索することができる。検索された資料が自身の大学図書館にあるかないかは，その図書館の目録を利用して確認（検索）する。

「索引」という語は多義的であるが，ここでいう索引とは，資料の構成部分に踏み込んだ検索を可能にするもののことである。索引の代表格は，雑誌に掲載された記事一つひとつを検索可能にする「雑誌記事索引」と，新聞に掲載された記事一つひとつを検索可能にする「新聞記事索引」である。このレベルの検索を可能にするために，索引では，記事一つひとつの書誌情報が組織され，リスト・アップされている。

再び卒業論文を書く場合を例にとろう。この場合，雑誌記事索引や新聞記事索引を利用すれば，自身の卒業論文と関係する雑誌記事（雑誌論文）や新聞記事を検索することができる。検索された記事が掲載されている雑誌や新聞（の当該号）が自身の大学図書館にあるかないかは，その図書館の目録を利用して確認（検索）する。

なお，「抄録」とは，一般には，資料内容の概要を記したものを指す語であるが，ここでいう抄録は，特に，書誌情報に抄録まで含まれている索引を指している。

(2) ネットワーク情報資源の資料組織

ネットワーク情報資源（ウェブ・サイト，ページ）の世界は玉石混交であり，信頼できないものも多い。また，この世界は無秩序で組織されていないので，検索エンジンを利用しても，ニーズに合致したネットワーク情報資源を検索できないことも多い。そこで，最近，ネットワーク情報資源のうち，利用者に有用で信頼できるものを選び（"選書"し），選ばれたネットワーク情報資源の"目録"を構築するという形でこれの情報を組織し，有用で信頼できるネットワーク情報資源を検索可能にするという動きが，図書館の世界で見られるようになってきた。このような，ネットワーク情報資源を検索可能にする仕組みは，「サブジェクト・ゲートウェイ」や「インフォメーション・ゲートウェ

イ」などと呼ばれている。

　その一方で，ネットワーク情報資源の世界自体を組織しようという動きも見られる。こちらは，ネットワーク情報資源自体に"書誌情報"（これは，「メタデータ（metadata）」と呼ばれている）[1]を付与し，一種の語彙統制の仕組み（この仕組みは「オントロジ（ontology）」と呼ばれている）を利用して，効率的な検索を可能にしようとするものである。このような仕組みを有するネットワーク情報資源（の世界）は「セマンティック・ウェブ（Semantic Web）」と呼ばれている（なおこれは，将来的には，より高度な仕組みをネットワーク情報資源の世界に組み込み，単なる検索以上のことを目指している）。

（3）　文書館や博物館の世界の資料組織

　「文書館」や「博物館」は，「図書館」と同様，大量の資料を扱う機関であり，これらは図書館の「類縁機関」といえる。そこで，以下では，これらの世界の資料組織について，ごく簡単に触れることにする。

　「文書館」の資料は，歴史資料（史料）的な性格が強く，どこで作成され，どこから出てきたものかという点が重要になる。したがって，資料の「作成母体（や「出所」）のまとまり」を意識して，資料組織がなされる。なお，作成母体が重視されるので，これに関する「典拠ファイル」は念入りである。

　「博物館」の資料は非常に多様であり，標準的な枠組みで資料組織を行うのは難しい。図書館や文書館の世界には，資料情報を記述するための国際標準が存在するのだが，このことを反映して，博物館の世界には，これが存在しない。したがって，博物館の世界では，資料情報記述の枠組みが館によって異なることが前提となり，この異なる枠組み間の調整をとって，資料情報を「機関横断的に活用」できるようにするという観点から，資料組織の仕組みが組み立てられる方向にある。

---

1)　ただし，メタデータは，定義的には，「データについての（構造化された）データ」のことであり，書誌情報的なもの以外にも，さまざまなメタデータが存在する。

第2章 目 録 法

1．目録と目録法の意義

（1） 目 録 と は

「目録」は英語では「catalog」にあたる。どちらも図書館だけで使われる語ではなく，記念品目録や商品カタログなど一群の"物"のリストを指して，一般的に用いられる語である。これらの形式や精粗はさまざまであるが，現物を直接見なくともその"物"についての一定の情報が簡便に得られるように，"物"の名称や内容・性質を記録しているのがこれらに共通する特徴である。したがって，一群の"物"の「代替物」（記録）を作って整理し一覧・検索の用に役立てるものが目録（catalog）といえる。

　図書館における目録は，いうまでもなく図書館資料に関する「代替物」となる記録を整理し検索可能としたものである。今日多くの図書館では資料情報管理にコンピュータを用いており，次頁の2－1図に示したような「オンライン閲覧目録（Online Public Access Catalog：OPAC）」が館内で提供され，あるいはインターネットを通じてどこからでもこれを利用できるようになっている。また以前は，2－2図（19頁）のようなカードを専用ボックスに並べた「カード目録」がどこの図書館にもあり，OPACが導入されていない館では，今でもこれが使われている。

（2） 目録の必要性

　目録の必要性と意義については，1章4節(2)ですでに述べた。書架分類の弱点である次の2点を，資料の「代替物」を整理した目録によって解決することができるのである。

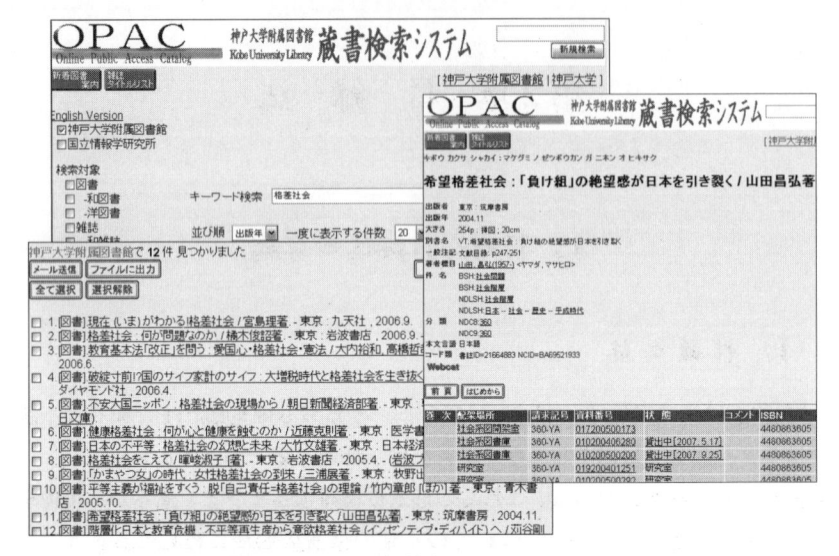

2-1図 OPACの画面例（神戸大学図書館OPACより）

・単一の検索キー[1]（主題分類）からしかアクセスできない。
・閉架資料や貸出中の資料は検索できない。

とりわけ重要なのは前者である。カード目録では，**2-2図**のカードを何枚か作って，標目ごとにタイトル順・著者順などいくつかの体系でカードを排列しておけば，さまざまな検索キーからのアクセスが可能になる。複数の主題内容を含んだり，複数の著者がいたりする場合も，さらにカードを作ればよい。必要に応じて何枚でも作れるのが，「代替物」ゆえの効用である。

今日のコンピュータ目録（OPAC）では，代替物としての目録データを一つ作成するだけで，コンピュータの力によってさまざまな角度からの検索が可能となる。

さらに付け加えるなら，次のようなこともOPACによって可能となった。
・図書館以外の場所から検索可能とすることができる（カード目録では非常に困難であったが，OPACの登場によって，空間的・時間的制約を超えて

---

1) 検索のための鍵（キー）となる語。キーワードとも呼ばれる。アクセス・ポイントとほぼ同義。

容易に目録を提供できるようになった）。
・複数の図書館の所蔵資料を一体的に探せる「総合目録」も，比較的簡単に作成しうる。

（3） 書誌情報と目録法

　目録においては，各資料について，タイトル・責任表示（著者名など）・出版者・主題などその資料の姿を十分に表し，また検索の手がかりになる諸情報が記録される。これらの情報を「書誌情報（bibliographic information）」と呼ぶ。これにその資料の所在を表示する「所在情報」が加わって，資料の「代替物」としての機能が果たされる。

　書誌情報の記録や目録の編成は，一定のルールに則って行われる。各資料の書誌情報が統一されたルールで作られていないと，検索・一覧の際に予測が立たず，目録利用時に混乱を生じてしまうからである。基本的な考え方のレベルから，「目録規則」などに具体化された詳細な決まり事まで，"ルール"の総体を「目録法」と呼んでいる。

　ところで，近年は「電子図書館」が盛んに唱えられ，デジタル形態の資料が所蔵されたり，ネットワーク情報資源が図書館資料として扱われたりするようになってきた。デジタル情報においては，「全文検索」などにより一次情報を直接検索対象とすることが可能であり，これは「代替物」を絶対的に必要とする従来型の資料とは様相が異なる。にもかかわらず，デジタル情報においても書誌情報に類した「メタデータ（metadata）」（3章4節(2)参照）の作成・活用は重要視されている。書誌情報やメタデータには資料に関する重要な情報が凝縮され，またそれらが一定のルールに従って形式化されていることから，これらは検索・識別という用途において優位性を有しているのである。ここから逆に目録を顧みれば，これには「代替物」なくしては検索できないからというやや消極的な意味合いだけではない役割があること，その役割を十分に発揮させるには目録法というルールへの理解・検討が必須であること，がいえよう。

2．目録法の基本的な考え方

（1）　カード目録とOPAC

　目録は冊子体の形態から出発したが，19世紀後半にカード目録が考案され，世界中で使われるようになった。これは通常タテ75mm×ヨコ125mmの目録カードに書誌情報などを記録し，目録カード・ボックスに収納するものである。

　「カード目録」は約一世紀にわたって安定して運用されてきたが，20世紀後半にいたって「コンピュータ目録（OPAC）」が登場し，これが現在の主流となっている。目録データベースと利用者用インタフェースを備えたOPACは徐々に進化し，現在ではWWWインタフェースを有する「Web OPAC」となり，通常，インターネットを通じてどこからでも検索可能となっている。なお，全蔵書をコンピュータに入力すれば従来のカード目録は不要となるが，コンピュータ化以前の蔵書を遡って入力する「遡及変換」が完全に終わっていない図書館では，ある時点で更新停止（凍結）されたカード目録を併用せざるをえない。

　今日ではOPACが当たり前となり，たとえカード目録が残っていても古い図書を対象とするものばかりで，これを利用する機会はあまりないであろう。しかし，現在の目録法の基本的な考え方はカード目録時代に確立されており，現行の「目録規則」等のツール[1]にもカード目録的な面が残されている。それゆえ，OPACを前提として目録（法）を説明するとかえってわかりにくい場合もある。そのこともあり，以下では必要に応じてカード目録をもとにした説明を行う。

（2）　目録に対する検索要求：既知の資料と未知の資料

　1章3節でもふれているが，目録に対する検索要求は二つの種類に大別できる。

1）　業務遂行との関係で司書が道具的に使用する資料のことを，ツールという。

a. 特定（既知）の資料を探す

一つは，特定の資料についての所在情報等を調べる検索である。この場合，誰かから教示を受けた，読んだ文献に引用されていたなどの契機により，利用者にとって資料の存在は既知であり，その資料が図書館に所蔵されているかを確認するのが主目的である（時には詳細な書誌情報を確認したいという場合もある）。もっとも，「既知」といっても利用者の手元にある情報（検索の手がかり）の度合いはさまざまで，書誌情報のほとんどすべてがわかっている場合もあれば，タイトルの一部と著者名のみといった曖昧な場合も多い。

この種の検索の結果は，特定の1冊が見つかるか見つからないかのどちらかであり，図書館での所蔵の有無が確実にわかればよい。

b. 未知の資料を探す

もう一つの検索要求は，「ある著者の著作」「ある主題の資料」などについて網羅的に，あるいは代表的なものを調べるといった検索である。この場合，利用者は特定された既知の資料ではなく，「未知」の資料を求めている。全体を表す適当な名称はないが，主題からの検索の場合は「主題検索」と呼ぶ。

この種の検索では「見つかるか見つからないか」ではなく，結果は利用者の求める条件にあう資料（適合資料）の「集合」として示される（もちろん0冊や1冊の場合もある）ので，十分な結果なのか抜け落ちているものがまだあるのかといった評価は簡単でない。

(3) 目録に求められる基本的機能

上述の2種類の検索要求に対応して，目録には次の機能が求められる。

a. 特定資料の検索（識別機能）

特定の資料について所蔵の有無を確実に示せる機能が必要である。これは「ファインディング・リスト（finding list）機能」とも呼ばれることがある。

このためにはまず，利用者のもつ手がかりから資料が間違いなく探せなくてはならない。利用者のもつ手がかりはさまざまで，曖昧な場合も多いので，どのような情報からでも柔軟に探せることが望ましい（が，カード目録では作成コストや手間の関係で，このようなことを実現するのは難しい）。

今日の目録法の大原則を示した「パリ原則」（本章5節(2)参照）では，目録

の機能の第1番目に,
> 1．図書館が特定の図書を所蔵しているかどうか（を確認する）
>> (a) 著者とタイトルによって
>> (b) 著者が図書中に表示されてなければ，タイトルのみによって
>> (c) 著者やタイトルが識別に不適当または不十分な場合は適切なタイトルの代替物によって

をあげている。カード目録を背景とした多くの目録規則では，「著者」と「タイトル」から特定資料が検索できるよう設計されているのが普通である。OPACでは，より多様な項目を検索キー（アクセス・ポイント）として設定できるが,特定資料の検索という観点では,国際標準図書番号(International Standard Book Number : ISBN) などの標準番号がよく用いられている。

また，目録が識別機能を果たすためには，利用者が手元の情報と照合して目指す「特定の」資料かどうかが判断（識別）できるだけの，十分で正確な書誌情報が必要である。例えばタイトルに加えて出版年・出版者がわかっている場合，タイトルから検索してそれらしいものが見つかっても，書誌情報中に出版事項がきちんと書かれていなければ，最終判断が付けられないからである。

b. 未知の資料の検索（集中機能）

前述のように未知の資料の検索結果は通常「集合」を形成し，この機能の評価はより難しいが，所蔵する適合資料がどの程度網羅的に見つかったかという「再現率」と，（無関係の資料をなるべく含まず）どれだけ適合資料だけを見つけられたかという「精度」がともに求められる（4章6節参照）。すなわち適合資料をどれだけ適切に集められたかということであり，この機能を「集中 (collocation) 機能」と呼ぶことが多い。

「パリ原則」では目録の機能の第2番目として，以下をあげている。
> 2．(a) 特定の著者のどの著作（が図書館に所蔵されているか）
>> (b) 特定の著作のどの版（が図書館に所蔵されているか）

「パリ原則」は主題からのアクセスを対象外とした文書のため，上記の表現となっている。しかし，主題検索もきわめて重要であり，目録は「著者」と「主題」から条件に合う資料を網羅的に探せるよう設計されているのが一般的である。OPACではより多様な項目を検索キーにできるが，この機能に関して

は「著者」と「主題」に匹敵するほど重要なものは見当たらない。

（4） 目録の対象：「著作」と「版」

ここまでの説明では，書架に並ぶ図書などを想定して，検索される対象を「資料」と表現してきた。しかし，何が検索対象（すなわち目録対象）となるかは，もう少し深く考えてみるとそう単純ではない。

村上春樹の小説『ノルウェイの森』は，1987年に講談社から単行本として出版された後，講談社文庫でも刊行され，また『村上春樹全作品1979〜1989』というシリーズにも収録されている。またこの作品は，各国語に翻訳されて海外でも広く出版され，国内でも英語版が刊行されている。

このような場合に，目録の世界では，『ノルウェイの森』という作品を「著作 (work)」といい，単行本・文庫本のような個々の刊行物を「版 (edition)」と呼ぶ。著作は知的・芸術的な創造物とでもいうべきもので，"物"としての実体を備える以前の，仮想的な性格をもっている。その著作を，図書などの形で現実世界に具体化したもの（"物"としての実体を備えたもの）が版である。近年はウェブ・サイトのようなネットワーク系電子メディアも出現し，版は必ずしも"物"としての実体を備えているとは言い切りにくくなったが，一般的には著作が何らかの物理媒体（"物"）に固定されて「版」が生まれるとイメージして差し支えない（ウェブ・サイトもどこかのサーバに"物"として固定されている）。同一著作から複数の版が生まれる時，単行本・文庫本のように中身（内容）に差がないこともあれば，改訂版や翻訳版のように中身が異なる場合もある。

図書館で「資料」を検索する場合，版の異なりに対する利用者のとらえ方はさまざまである。単行本・文庫本については，中身は同じだからどちらでもいいという人もいようし，携帯に便利だから文庫本をという人もいよう。翻訳版の場合は何語でもよいということは少なく，普通は特定の言語版を求めるだろう。改訂版の場合は，通常は旧版よりこの版の方が望まれようが，当座の用には改訂版かどうかを意に介さない人もいるだろう。学術研究目的では，ある特定の版を参照する必要があったり，ある著作のすべての版を参照する必要があったりする。つまり，版を特に問わず著作を探す場合と，著作の特定の版を探

す場合があり，目録はどちらの要求にも応える必要があるということである。

今日の目録法では，「版」を基本的な単位として扱い，そのうえで著作に対する検索も保障しようとしている。それを意味しているのが前述の「パリ原則」における第2番目の目録の機能で，特定の著者の著作が一覧できるとともに，ある著作の諸版も一覧できる（つまり利用者が適切な版を選択できる）ことを求めている。

「版」を基本単位とすることは，何年か後に同一原版から「増刷」されたものも，それ以前のものと同じ"物"として扱うということを意味する（つまり通常，「増刷」されたものは「異版」とはみなされないということ）。また，図書館に所蔵するのは「版」の中の1冊であるが，目録法では，その1冊ではなく，あくまで「版」全体を単位とする（ただし，個別の1冊1冊が重要な意味をもつ古典籍資料などの場合は，例外的に，1冊1冊が単位とされる）。

(5) カード目録の構成要素と目録法

今日の目録法・目録規則の基本部分はカード目録時代に形成されているので，これらの理解のためにはどうしてもカード目録に立ち返って説明せざるをえない。そこで以下，カード目録に基づいて，目録法や目録規則について説明を行う。

まず，次頁の2-2図を確認してほしい。ここで図示されているように，目録カードは「記述（書誌記述）」「標目」「標目指示」「所在記号」という4要素から構成されている。

a. 記入と書誌的記録

個々の要素に入る前に，カード全体を表す用語に触れておく。ある資料について作られた一枚のカード全体を指して「記入（entry）」（もしくは「目録記入」）という独特の用語を用いる（後述のようにカードすなわち記入は1資料に対して複数枚作られるのが普通である）。この語はカード目録（または冊子体目録）について用いられ，コンピュータ目録では「レコード」（もしくは「MARCレコード」）[1]と呼ばれる。両者を併せて呼ぶ場合は「書誌的記録(biblio-

---

1) MARCについては，3章2節参照。

2．目録法の基本的な考え方

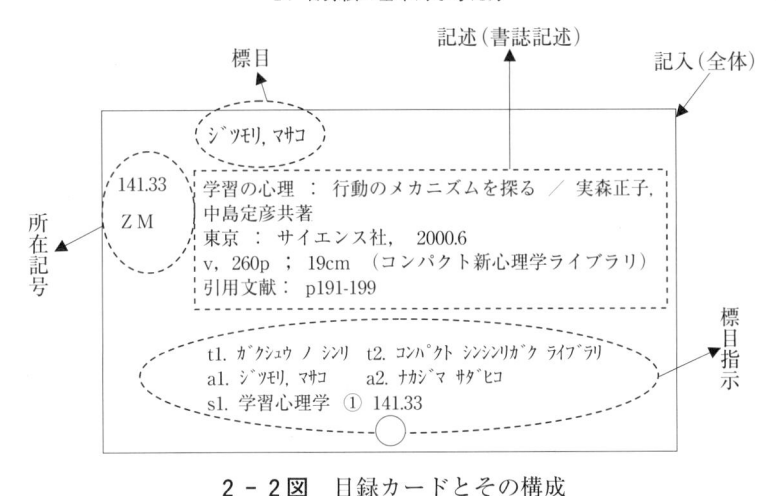

```
                        記述（書誌記述）      記入（全体）
           標目
      ┌─────────────────────────────────────────┐
      │        ジツモリ，マサコ                  │
      │ ┌────┐ ┌─────────────────────────────┐ │
所    │ │141.33│ │学習の心理 ： 行動のメカニズムを探る ／ 実森正子，│ │
在    │ │ ZM  │ │中島定彦共著                  │ │
記    │ └────┘ │東京 ： サイエンス社， 2000.6    │ │
号    │        │v, 260p ； 19cm （コンパクト新心理学ライブラリ）│ │
      │        │引用文献： p191-199            │ │
      │        └─────────────────────────────┘ │
      │                                           │   標目
      │   ┌─────────────────────────────────┐    │   指示
      │   │ t1. ガクシュウ ノ シンリ  t2. コンパクト シンシンリガク ライブラリ│    │
      │   │ a1. ジツモリ，マサコ    a2. ナカジマ サダヒコ │    │
      │   │ s1. 学習心理学 ① 141.33         │    │
      │   └─────────────────────────────────┘    │
      │                    ○                      │
      └─────────────────────────────────────────┘
```

2－2図　目録カードとその構成

graphic record）」ということが多い。いずれも，書誌情報と所在情報よりなるものである。

b．記述（書誌記述）

目録カードの中心部にあり，タイトルのほか，対象資料に関するさまざまな情報を記した部分を「記述（description）」もしくは「書誌記述」と呼ぶ。記述の主な目的は，資料を「同定識別」できるようにすることである。敷衍すれば，既知資料検索の際に，検索された資料が求める資料と同じかどうか確認したり，検索された資料から同一著作の諸版を区別したりできるようにすることである。

c．標　　目

記述の上部（記入の冒頭）に記した検索用の「見出し」を「標目（heading）」という。カード目録では記述を作成しただけでは検索できないので，タイトルから検索させたければ，タイトルを標目に付して目録カード・ボックスの所定の位置に排列する必要がある。本節(3)で述べたように通常「タイトル」「著者」「主題（分類・件名）」からの検索が求められるので，一つの資料につき複数枚のカードを作って，それぞれの標目（タイトル標目，著者標目，主題標目）を付して排列する。つまり，アクセスの「手がかり」とすべき事項の数

だけ（複数の著者から検索可能にしようと思えば，その分カード（記入）の数も増える），標目を付した記入が必要となる．

d. 標 目 指 示

それらの標目を記述の下部に一定の様式で一覧できるように記したものを，「標目指示（tracing）」という．目録カード（記入）を作成する際，まず，標目のないカードを作成し，このカードを標目指示にある標目の数だけ複写する．次いで，標目指示に従って，各カードに標目を入れていく．つまり，標目指示は，標目を付して各記入を作っていく作業を「指示」するものである．したがって，これは利用者のための情報ではなく，記入作成作業のための情報といえる．また，これは，目録のメンテナンス作業においても重要な情報ともなる．というのは，資料の除籍（廃棄）などによりカードの除去ないし修正の必要が生じる場合があるが，その場合，標目指示を参照して当該資料に関わる記入がどれだけあって，どこに排列されているのかを確認することになるからである．

e. 所 在 記 号

これは，代替物としての目録カードから資料そのものにたどりつくための情報であり，通常，図書の背ラベルに貼られている記号が「所在記号」となる．というのは，図書館の資料は，一般的には，この記号の順に排架されるので，この記号により，図書館における資料の位置（所在）が判明するからである．この記号は，主題分類をベースとするのが一般的なので，その詳細は5章7節で扱う．なお複数館の総合目録では，資料の所蔵館を示す情報も必要である．

（6） コンピュータ目録の構成要素

コンピュータ目録でも，記述の位置づけはあまり変わらない．所在記号も基本的に同様である．

だが，標目・標目指示についてはいささか様相が異なる．コンピュータ目録ではカード目録のように標目の数だけ記入を作る必要はなく，一つのレコードを多角度から検索させうる．よって，一つひとつの「標目」と一覧形式の「標目指示」という区別は意味をなさない．また，コンピュータ目録では記述中の文字列を直接検索キーとすることも可能で，従来の標目の範囲を超えてさまざ

まな「アクセス・ポイント (access point)」(各種の検索手段を包含した語であるが,「標目」の意味で用いられることもある) をもっているのが通例である。しかし次に述べるように,記述のみで用が足り標目は不要になるというわけではない。

(7) 記述と標目の分離

上述のように目録法では,対象資料に関するさまざまな情報を記した記述（書誌記述）と,検索の手がかりとなる標目を分離して考える。換言すると,各資料がどのようなものなのかを「識別」するための情報と,キーワード検索などの手段によって資料を「発見」するための情報とを分けて考えている。

このような考え方は,カード目録を想定すれば,記述とは別に検索用に見出し（標目）を付けねば検索できないので当然であるが,コンピュータによる情報管理においては必ずしも一般的ではない。例えば,図書館では貸出しなどのための利用者情報データベースも必要だが,その中の「氏名」や「住所」といった項目は,データの識別（あるいは表示）に役立つと同時に検索キーとしても使われうる。こうした視点から目録の世界を見れば,もっぱら検索のためにある主題標目はともかくとして,記述の重要な要素として記録されるタイトルや著者（記述では「責任表示」という）に対しても別に「タイトル標目」「著者標目」を設定するのは,冗長な重複と感じられよう。

しかし目録法では,両者の違いを重視する。識別のための記述はできる限り資料の"すがた"に忠実であることが,言い方を変えれば資料による（時には微妙な）違いを反映したものであることが望ましい。一方検索のための標目は,微妙な違いによって検索の成否が左右されないよう,ある程度の統一が望ましい。例えば,1999年に一応完結した最も新しい版の『漱石全集』（岩波書店）は,奥付にある著者表示が「著者　夏目金之助」（夏目漱石の本名）となっている。この場合,記述においては資料上の表記を尊重して「夏目金之助著」と責任表示を記録し,一方で著者標目においては利用者により馴染み深い「夏目漱石」から検索できるようにするのが目録法の方式である[1]。

---

1) さらには「夏目金之助」からも検索できるのが望ましい。なお,この点についての詳細は本章5節参照。

（8） 目録の種類

a． カード目録の種類

　前述のように，目録法では「タイトル」「著者」「主題」からの検索が求められている。主題からのアクセスには「件名」「分類」の2種類がある。米国では分類目録よりも件名目録が一般的で，わが国では分類目録の方が主流であった。またわが国では，標目の種類ごとにカード（記入）を編成して，「タイトル目録」「著者目録」など，複数の目録を個別に作成する場合が一般的であるが，米国では，複数種類の標目のカード（記入）をアルファベット順に混排することが多い。特に「タイトル記入」「著者記入」「件名記入」をすべて混排する目録を「辞書体目録（dictionary catalog）」と呼ぶ（「分類記入」の標目は記号によるので，これは独立でしか編成できない）。

　以上は閲覧用の目録であるが，それとは別に事務用目録として，所在記号順（つまり書架上の順序）に排列した「書架目録」などを作るのも一般的であった。

b． コンピュータ目録の場合

　コンピュータ目録では，一つのレコードを多角度から検索しうるので，基本的に一種類のデータベースでよい。事務用目録を別に作成することも通常行われない。ただし，用途によって検索インタフェースを分ける場合はある。

3．目録法と目録規則

（1） 記述目録法と主題目録法

　目録法を，「記述目録法（descriptive cataloging）」「主題目録法（subject cataloging）」の二つに分けてとらえることが多い。標目のうちタイトル標目・著者標目は記述と密接に関連しているので，これらの標目と記述にかかわる部分が記述目録法とされる。これに対して，主題標目は資料の主題内容の分析をもとにするので，主題に関わる作業が切り離されて，主題目録法とされる。主題

分析とそれに基づく分類記号・件名標目などの付与が，主題目録法の具体的な対象となる。本書では4～6章で扱う。

以下本章では，記述目録法を扱う。上記のように，記述の作成とタイトル標目・著者標目の作成等が記述目録法の範囲であるので，具体的には，これらについて述べる。

(2) 目録規則とその構成

「目録規則（cataloging rules）」は目録法全般に関わる規則であるが，主題目録法の具体的な部分は分類表ないしは件名標目表に委ねられるので，詳細レベルの規則を規定しているのは記述目録法の範囲である。

目録規則は言語圏ないしは国レベルで標準的なものが作成されている。英語圏では『英米目録規則第2版（Anglo-American Cataloguing Rules 2nd ed.：AACR2）』がもっぱら使用され，わが国では『日本目録規則1987年版（Nippon Cataloging Rules 1987 Edition：NCR1987）』が標準規則となっている[1]。

目録規則の構成としては，「記述」の部と「標目」の部に二分されるのが一般的である[2]。

(3) 記述と標目の関係：基本記入方式と等価標目方式

前述のようにカード目録では，一資料に対して，アクセスの手がかりとなる標目の設定数分の記入（目録カード）が作成され，排列される。この場合，同一資料に対して作られた記入の相違点は標目のみで，記述・標目指示・所在記号は同一内容となる。ところが，現在の目録法の枠組みができた時代にはまだ簡便な複製技術が発達しておらず，目録カードは1枚ずつ手作業で作る必要があり，同じ記述を複数枚のカードに対して行うのは非常に効率が悪かった。また，遠隔地からも検索ができるように冊子体目録を刊行することもままあった

---

1) ただし外国語資料を多く収集する学術図書館では，和資料はNCR1987，洋資料はAACR2と，適用規則を使い分けることが多い。
2) カード目録の場合，「排列」に関する規則も必要になるのだが，通常，「目録規則」には「排列規則」が含まれず，「目録規則」とは別に「排列規則」が作成される。ただし，「日本目録規則」は「排列規則」を含んでおり，したがって，これに関する部もある。

が，この場合もさまざまな標目の排列位置ごとに記述を掲載しては紙数が増えすぎる。こうしたことから，各資料について最も重要と思われる標目（基本記入標目）の目録カードにのみ完全な記述や標目指示を記録して「基本記入（main entry）」と呼び，その他の標目（副出標目）のカードは当該標目と基本記入標目・ごく簡略な記述・所在記号のみを記した「副出記入（added entry）」（副次的な記入，という意味合いである）とする「基本記入方式」が用いられるようになった。副出記入にアクセスした利用者は，詳しい情報が必要であれば基本記入標目を頼りに基本記入にアクセスし直すわけである。なお，その資料に最も重要な「基本記入標目」には，著作の創造主体である著者を採用するのが一般的であった（「著者基本記入方式」）[1]。

複製技術の進歩によって，基本記入をコピーして副出標目を付せば，記述も詳細な副出記入が作れるようになった。こうなると，基本記入にアクセスし直さずとも十分な情報が得られるので，「基本」「副出」という区別の必要性は薄れてくる。具体的には，既述のように，記述・標目指示・所在記号を記したカードをまず作成し，必要枚数コピーした後それぞれ標目を付していけばよいわけである。こうした方式は，標目はすべて平等という点から「等価標目方式」，記述と標目が互いに独立して扱われるという点から「記述独立方式」，記述を中心とした（標目はまだ付されていない）コピー元のカード（「記述ユニット・カード」と呼ばれる）がまず作られるという点から「記述ユニット方式」，といったいくつかの名称で呼ばれている。なお，現在のコンピュータ目録では一つのレコードから多角的な検索が可能であり，何らかの基本形を「コピー」するという作業自体が不要である。

わが国の標準目録規則である『日本目録規則』は，1977年の「新版予備版」から等価標目方式（記述ユニット方式）を採用している。しかしながら著者基本記入方式は，上述のような作業効率上の利点はなくなったものの，著作を生んだ知的・芸術的創造活動の主体が明らかになるなどの理由から，今なお多くの目録規則で採用されている。世界的に見れば，等価標目方式の目録規則は日

---

1) 資料によっては複数の著者がさまざまな役割を果たしていたり，著者がはっきりしなかったりするものも多く，基本記入標目の正しい選定は目録規則上でも実務作業においても相応の注意が必要である。

本・中国・韓国などの目録規則にとどまり，『英米目録規則第2版』をはじめ多くの規則は，著者基本記入方式を採用している。

4．記述とその標準化

以下次節に渡り，記述（書誌記述）と標目に分けて，その概要や標準化について，その背景となる考え方に絞って説明する。

（1）記述の目的

「記述」の第一の役割は資料の「同定識別」である。特定（既知）の資料を探す際，検索の結果得られた資料が求めるものと同じかどうかが記述によって確認できなくてはならない。また，これには利用者の資料選択に資するという役割もある。未知の資料を探す際，記述は，その資料がどのようなものなのかがある程度わかり，実際に読むべきかどうかの判断材料になるものでなければならない。また特定資料の検索においても，タイトルや著者名は明確でも版の違い等までは意識されていないことも多く，この場合には記述が見比べられ，最も自分に適切な版が選ばれることになる。

要するに，記述は，資料の「代替物」として，その"すがた"をできる限り正確に伝え，検索された資料が自身のニーズに適合するかどうかの判断材料に役立たねばならないということである。一方，資料を発見（検索）する機能は，基本的に標目に任せており，両者は役割を分担している。

（2）記述の標準化：国際標準書誌記述（ISBD）

記述に関する国際標準として，「国際図書館連盟（International Federation of Library Associations and Institutions：IFLA）」が制定・維持している「国際標準書誌記述（International Standard Bibliographic Description：ISBD）」がある。ISBDは1969年から制定作業が開始され，対象資料の変化などにともなって，現在まで継続的に維持・改訂作業が続けられている。

2006年現在では，次頁2－1表のものが制定されている。

これらのうち，ISBD(G)は全資料にわたる通則事項を規定するために制定

2-1表　2006年現在有効なISBD

名称	対象資料	制定・改訂年
ISBD(G)	General　共通	1977制定　2004最終改訂
ISBD(A)	Antiquarian　古書 (Older monographic resources)	1980制定　1991改訂
ISBD(CM)	Cartographic materials　地図資料	1977制定　1987改訂
ISBD(CR)	Continuing resources　継続資料 *1974制定のISBD(S)Serials：逐次刊行物 を全面改訂	2002制定
ISBD(ER)	Electronic resources　電子資料 *1990制定のISBD(CF)Computer files：コンピュータファイル を全面改訂	1997制定
ISBD(M)	Monographic publications　図書	1974制定　2002最終改訂
ISBD(NBM)	Non-book materials　非図書資料	1977制定　1987改訂
ISBD(PM)	Printed music　楽譜	1980制定　1991改訂

されたものであり，その他のISBDは各資料種別（タイプ）ごとに制定されたものである。なお，すべてのISBDをまとめて指す場合には，「ISBDs」と記されることがある。

　今日の各国の目録規則は，おおむねISBDに沿いながら，固有の出版事情・言語事情等を加味した形で，記述に関する規則を定めている。

（3）　記述の枠組みと原則

以下，ISBDを中心に，記述の大まかな枠組み・原則を説明する。

a．記述の対象

　本章2節(4)で述べたように，今日の目録の原則的な対象は，「著作」が何らかの形で具体化された「版」である[1]。「版」は通常相当多数のコピーから成っており，これにはすべて同時に製作された場合も，時間をおいて製作されたもの（増刷など）が混じっている場合もある。目録作業者の手元にあるのはそのうちの1冊だけだが，その1冊を「版」の代表だと考えて記述を作成することが求められる。したがって，ISBDやこれに準拠する各国の目録規則は，基本

的に，同一版をもとにすれば同じ記述となるように設計されている。

　記述の対象に関してはもう一つ，逐次刊行物や複数冊からなる図書（シリーズやセット[1]など）について，全体を対象（作成単位）とするのか個別の各冊を対象とするのかという問題がある。雑誌などの逐次刊行物は，同一のタイトルで逐次刊行されていく。それゆえ，この場合は，その全体が記述対象となる（すなわち，逐次刊行物は，その1冊1冊が記述対象とされるのではなく，全体が一括で記述対象とされる，ということである）。図書などのシリーズ・セットにはさまざまな場合があって難しく，各冊の独立性が高いもの（各冊が明確なタイトル・著者を有するものなど）は個別に，各冊に独立性のないもの（上下巻など）は一括されて記述対象となる。この問題に関して『日本目録規則1987年版（NCR1987）』は「書誌階層」の概念を導入している（本章7節(2)参照）。

b. 記述の構成

　記述に記録すべき多岐にわたる情報を，ISBDは「エリア（area）」と「エレメント（element）（書誌的要素）」という考え方で整理している。すなわち，ISBDでは，「1　タイトルと責任表示エリア」「2　版エリア」「3　資料特性エリア」「4　出版・頒布等エリア」「5　形態的記述エリア」「6　シリーズエリア」「7　注記エリア」「8　標準番号と入手条件エリア」の8エリアが設定され，各エリアの下に，具体的な記述項目となる複数のエレメントが設定されている。各国の目録規則も同様の構造をとっている。

　エレメントの設定基準は，やや抽象的な表現になってしまうが，資料の同定識別に必須または有効であると伝統的に考えられてきた項目，と説明するしかない。それらは最も一般的な図書資料を念頭に置けば，資料の標題紙や奥付に通常書かれているもの（タイトルや出版者など）か，資料自体から容易にわか

前頁1）　ただし，書写資料（手書き資料）のように「版」の概念がないものもある。また印刷資料でも，古資料は「版」ではなく個別資料（特定の1冊）を記述対象とすることが多い。

1）　シリーズは，例えば「岩波新書」のように，基本的に終期を予定せずに出版されるものを指し，セットは，例えば「日本の歴史全6巻」のように，終期を決めて出版されるものを指す。なお，記述の世界では，シリーズもセットも同様に扱われる。

るもの（ページ数や大きさなど）である。「主題」のようにこれらに該当しないものは，記述では扱われない。もっとも，他の資料との関係など，資料以外から得た情報を同定識別や選択に資するとみなして記述に加えることもままあるが，この際には，このような情報は，通常「注記エリア」に記録される。

なお，各エレメントの重要度には，識別上絶対に必要というレベルのものから，あれば特別な場合の参考になるというレベルのものまで幅がある。ISBDでは明確に示されていないが，目録規則では各エレメントについて必須／選択の別を明示したり詳細度のレベルを設定したりして，重要度の低いエレメントの取捨選択については，目録作成機関の判断に任せている場合が多い。

c. さまざまな資料の記述（資料種別）

図書館資料には図書・逐次刊行物・地図・視聴覚資料・電子資料などさまざまなものがあり，これの多メディア化が進んでいる。目録規則もその初期のように図書だけを考えればよい時代ではなくなり，あらゆる資料が記述可能であることが求められる。資料種別に関わりなく重要な共通的エレメントも多くあるが，地図における「縮尺」や音声・映像資料における「再生時間」のように特定資料のみに関係するエレメントもある。また，同一のエレメントでも資料種別によって特別なルールを設ける必要が生じることもある。

前述のように，ISBDでは，総則的なISBD(G)と資料種別ごとのISBDが定められている。このことは目録規則にも反映されており，例えば『日本目録規則1987年版』では，「記述の部」の先頭にISBD(G)にあたる「記述総則」の章が設けられ，その後に「図書」「地図資料」など資料種別による章が設けられている[1]。

d. 各エレメントの記録内容

エレメントの構成が定まっても，各エレメントにどのような情報を記録するのかを明確にしないと，適用が一定せず識別に支障が出る。ISBDでは，各エレメントについて，どのような場合に何を記録するのか，を詳細に定めている。例えば「出版・頒布等エリア」中にエレメント「出版地・頒布地」があ

---

[1] その名称は「一般資料種別（General Material Designation: GMD）」と呼ばれ，同名（NCR1987での名称は「資料種別」）のエレメント（主に非図書資料に対して，その種類を端的に表す）として，記述中に記録することも行われている。

る。このエレメント名からは，ここに国名や出版者の住所などを記すことも考えられるが，このエレメントには原則として「都市名」を記録する，と規定されている。また，「形態的事項エリア」中にエレメント「特定資料表示と数量」があり，ここには，図書は原則としてページ数を記録するということのほか，複数冊セットの場合，片面印刷の場合，番号が途中で付け直された場合など，さまざまな状況に応じた規定が詳細に設けられている

e. 情報源と「転記の原則」

本章2節(7)で『漱石全集』の例を引いたが，記述では資料の"すがた"を，時には他の資料との間にある微妙な差異まで，できる限り忠実に記録することが重んじられる。したがって「夏目金之助」のようにあまり一般的でない表記であっても，資料に書かれている通りに記録を行う。これを「転記の原則」という。エレメントによっては一定の略語を用いたり，ある種の情報（著者の肩書きなど）は省略するといった規定もあるが，資料上の表記に従うのが基本原則である。

資料の各部（例えば表紙や標題紙など）によって表示された情報が異なることが考えられる。したがって，安定的な記述が行われるためには，情報源（記述のよりどころ）を明確に定めなくてはならない。ISBDでは，図書の場合は標題紙（タイトル・ページ）が最優先の情報源（主情報源）であること，タイトルは標題紙以外からの記録が許されないが出版者などは奥付などからも採録できることなど，資料種別・エリア別に採用すべき情報源を定めている。また，順次分冊刊行される逐次刊行物の場合は，1冊の中の情報源規定に加えて，どの号に記されている情報を採用するかという問題が生じる。この問題については，最初に刊行された号（初号）を「記述の基盤」として優先するということになっている。各国の目録規則もおおむねISBDに準じているが，国による出版慣行の違いを無視できないという事情もあり，規則ごとに若干の差異はある。

f. 記述文法と「区切り記号法」

各エレメントの記録内容（値）が定まったとして，それをどのような文法（書式）で記述していくのかの約束事も必要である。ISBDでは，エレメントごとに「区切り記号法（punctuation）」を規定している。例えば「出版・頒布等

エリア」は，

　　　　出版地△：△出版者・頒布者，△出版年・頒布年　　（△は空白を示す）
　具体的には，

　　　　東京△：△岩波書店，△2004

のように記録されるが，「△：△」がエレメント「出版者・頒布者」の始まりを，「，△」がエレメント「出版年・頒布年」の始まりを示している（区切り記号法を用いた記述の全体像は本章7節参照）。このISBD区切り記号法は，個々のエレメントを判別する手がかりとして一定の意味をもち，各国の目録規則で広く用いられている。

（4）　記述に関わる新動向

ISBDは1960年代末から70年代にかけて整備され，各国の目録規則もこれに準じるようになった。その後これは今日まで維持・改訂されてきたが，30年以上が経過すると，枠組みの制度疲労も目立ち，1990年代後半以降，抜本的な見直しを模索する動きが出てきている。ここでは特に大きな二つの動きについて略述する。

a．資料種別概念の見直し

技術の発達によって，次々と新しい媒体が登場するが，ISBDや目録規則は順次これに対応し，さまざまな資料をその対象としてきた。資料種別ごとに編成された現在の規則体系はその成果である。ところが近年における電子資料の急速な発達は，現行の枠組みの不備を顕在化させることとなった。というのは，さまざまな情報表現がデジタル化されるため，「電子雑誌」「電子地図」のように現行の資料種別をまたがる資料が続出し，また媒体間の変換も頻繁に起こるからである。

エリアごとに全資料種別を扱う規則構成[1]や，内容表現（「テキスト」や「地図」など）と物理媒体（「冊子」や「CD-ROM」など）に分けて資料を把握し直す試みが模索されている。

---

1)　既述のように，現在の目録規則は，一般に，資料種別ごとに章立てが成されているが，ここで記されているのは，エリアごとに章立てする目録規則を意味している。

b. 書誌レコードの機能要件（FRBR）

1997年にIFLAから，『書誌レコードの機能要件（Functional Requirements for Bibliographic Records: FRBR)』という文書が発表された。これは書誌情報の世界に対する「概念モデル」を作成し，情報の「発見」「識別」「選択」「入手」という目録利用者の行動モデル（ユーザ・タスク）とも関連させて，(記述を含む）書誌レコードの必要要件を考察したものである。

特に注目された点の一つに，記述の対象である「版」に関わる問題がある（2-3図参照）。本章2節(4)で述べたように，「版」にはもともと「内容の違い」「媒体の違い」の両側面があるが，デジタル化の進展とともにどちらの意味でも微妙な版の違いが増加したこともあり，「著作」と「版」の二分法を越えた整理が模索されるようになった。2-3図を見ればわかるように，FRBRのモデルでは「著作」と「個別資料」（1冊1冊の資料）の間に，テキストなどの形で内容が定まった「表現形」という段階と，これが何らかの媒体に具体化された「体現形」という段階を設定して整理している。

ここで「体現形」は，おおよそ従来の「版」（"物"としての）に対応するものである。したがって，FRBRのモデルは，従来のモデルの「著作」と「版」の間に，「表現形」を挿入し，「版」の下に「個別資料」を配したものといえる。このように考えることで，2-3図からわかるように，資料を「著作」レ

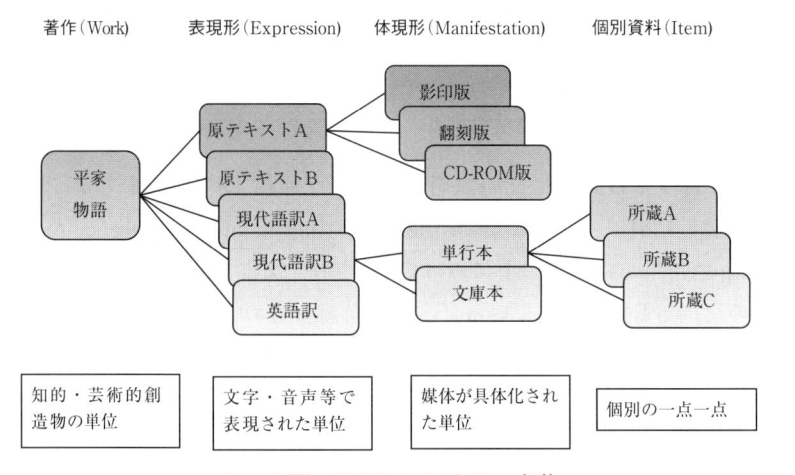

著作(Work)	表現形(Expression)	体現形(Manifestation)	個別資料(Item)
知的・芸術的創造物の単位	文字・音声等で表現された単位	媒体が具体化された単位	個別の一点一点

平家物語 — 原テキストA, 原テキストB, 現代語訳A, 現代語訳B, 英語訳 — 影印版, 翻刻版, CD-ROM版, 単行本, 文庫本 — 所蔵A, 所蔵B, 所蔵C

2-3図　FRBRにおける4実体

ベル,「表現形」レベルで一括してとらえることが可能になり,逆に,1冊1冊のレベルも明確に意識できるようになる。

現在,ISBDや多くの目録規則が,FRBRの考え方や用語を取り入れる方向で動いている。

5．標目とその標準化

（1）　標目の目的と対象

本章2節で述べたように,標目は資料を発見（検索）する手がかりとしての役割を果たすものであり,「タイトル標目」「著者標目」「主題（分類・件名）標目」の3種がある。本章2節(3)で述べた目録の基本的機能に照らすと,タイトル標目は「識別機能（既知資料の検索）」に,主題標目は「集中機能（未知資料の検索）」に,著者標目は両方に用いられると考えるのが一般的である。

記述と標目から書誌的記録が構成されると考えれば,形式的には標目の対象も,記述の対象と同じく「版」である。しかしながら,著者や主題は具体物としての資料というよりその知的・芸術的内容に対応するものであり,むしろ「著作」を対象としていると見るほうが適切である。

なお,主題標目（分類・件名）は4〜6章で扱われるので,以下ではタイトル標目と著者標目のみを扱う

（2）　標目の標準化：パリ原則

本章2節(3)で目録の機能の説明に利用した通称「パリ原則（Paris Principles）」は,1961年の「目録法原則国際会議（Inernational Conference on Cataloguing Principles: ICCP）」において合意された文書で,標目（主題標目を除く）の選択と形式を扱っている。ISBDは詳細なものであり,各国の目録規則はこれに準拠しているが,パリ原則は概括的なものであり,各国の目録規則は,これにそのまま準拠するわけにはいかず,この原則に沿いつつ,標目の詳細規定を行っている。

パリ原則では,本章3節(3)で述べた「著者基本記入方式」が採用され,基本

記入標目・副出標目の選定が扱われている。これによると，資料ごとに一意に決定される基本記入標目は，著作の作られ方や著者数，団体の関与などによって，個人になる場合，団体になる場合，タイトルとなる場合がある。なお，既述のように，今日では「日本目録規則」をはじめ，著者基本記入方式を採用していない（等価標目方式の）目録規則もある。

なお，パリ原則では，個人名・団体名について，標目の形を決定するいくつかの原則（著作の諸版に最もよく現れる形を優先するなど）も示されている。

（3） 標目の枠組みと原則：統一標目と典拠コントロール

a. 標目の選定

基本記入方式をとる場合は，上述のように基本記入標目の選定が大きな問題となり，目録規則にはこれに関する詳細な規定が必要となる。また，基本記入方式でも等価標目方式でも，例えば著者が多数に及ぶ時に何人まで標目とするか，監修者・挿画者のようなやや関与度の薄いものを標目として扱うか，など選定範囲の規定が必要である。タイトルについても同様に，本タイトル以外のもの（シリーズ・タイトルなど）の標目としての扱いが規定される。

b. 集中機能と統一標目

既述のように著者標目は，識別機能（特定資料の検索）だけでなく，集中機能をも果たさなくてはならない。具体的には，「ある著者の著作（資料）」を（蔵書の範囲で）網羅的に探し出せる必要がある。

本章2節(7)にあげた『漱石全集』の例のように，同じ著者であっても資料上の表記にはさまざまなバリエーションがある。どのような表記の場合も，同一人である限り間違いなく探し出せなければ集中機能は満たされない。一方で，別人なのに資料上の表記は同じになってしまう，同姓同名の著者もある。特定著者のものだけに絞ってきちんと検索できなければ，やはり十分とはいえない。

これらの要件を満たすため，資料上の表記やそれを反映した記述中の「責任表示」とはいったん離れて，ある著者の著作（資料）には常に同じ形の著者標目を与えるものとする。これを「統一標目（uniform heading）」という。例えば資料上は「夏目金之助著」とある資料にも，「by Soseki Natsume」とある

英語図書にも，最も一般的な「夏目，漱石」を与えると決めておくのである。また，同姓同名がある場合は「鈴木，一郎（1930-）」のように生没年等を付記して区別し，他の著者とは必ず区別できる形を統一標目とする[1]。

　なお，「同一人である限り」という表現を用いたが，統一標目の作成単位は，厳密には生身の人格そのものではない。目録規則にもよるが，例えば大学教授の職もつとめる作家が，小説にはペンネームを，学術著作には本名を使い分けているような場合，目録上はそれぞれの名前を別人格とみなして，名称を統一せずに，二通りの著者標目を用いることがある。また，団体の名称変更の場合も，異なる団体として扱うのが一般的である。

　統一標目の形については，個人名・団体名のそれぞれに，パリ原則でいくつかの大まかな原則が示され，各国の目録規則では，これに沿って，さらに詳細な規則を定めている。

c. 参　照

　統一標目により，漱石の著作は統一標目「夏目，漱石」のもとに集中されるが，さまざまな利用者行動を考えると「夏目，金之助」や「Natsume, Soseki」からも検索できたほうがよい。このため，「夏目，金之助 は 夏目，漱石 を見なさい」（「前者を用いず後者を用いなさい」）といった「参照（reference）」を作って，統一標目以外の形から目録利用者を誘導することが，カード目録時代から行われてきた。

　参照には2種類のものがある。

　一つは，上記のように統一標目以外の形から統一標目に誘導する参照で，これを「を見よ参照（see reference）」（もしくは「直接参照」）と呼ぶ。もう一つは「をも見よ参照（see also reference）」（もしくは「連結参照」）と呼ばれ，ある標目から強く関連する他の標目に誘導するものである。例えば前項に述べたように，団体の名称変更があると変更前・変更後それぞれに統一標目を定めるが，「財務省 は 大蔵省 をも見なさい」（「念のために後者をもチェックしなさい」）といった参照（普通は逆向きにも作成する）を作ると，利用者に注意喚起が行える。

---

1) 著者標目の場合，姓と名の間にコンマを入れることが国際的慣習になっている。

5．標目とその標準化

なお，上記の参照の書き方はカード目録を念頭に置いたものである。OPACでは，同じような注意喚起の表示設計もできるし，参照を考慮してシステムが自動的に検索する（別名で検索しても統一標目が指定されたと見なす）設計もできる。

d．典拠コントロール

著者標目の付与にあたっては，同一著者に対して以前用いた統一標目を踏襲することと，新たに統一標目を定める場合に（同姓同名等の場合でも）別著者と同形にしないことが求められる。このためには一度定めた統一標目や参照（別名など）を確実に記録し，これの維持管理に努める必要がある。こうした作業を，標目付与の「根拠」を明確にするといった意味で，「典拠コントロール（authority control）」と呼ぶ。書誌的記録作成の背後に隠れているが，目録の信頼性に欠かせない重要な仕事である。

統一標目・参照やその根拠情報などを記録したファイルを「典拠ファイル（authority file）」という。かつてはカード形式の時代もあったが，現在はコンピュータファイルとして維持されるようになっている。具体的には，2－4図のような「典拠レコード（authority record）」を集積したものが「典拠ファイル」である。著者名等を扱う典拠ファイルを，件名などの「主題典拠」との対比の意味合いで，「名称典拠ファイル（name authority file）」と呼ぶ

e．タイトル標目の場合

一般にタイトルは，資料の刊行に際して付けられた，いわば「その資料限

```
統一標目形：　芥川，龍之介（1892-1927）｜｜アクタガワ，リュウノスケ
場所：　　　東京――――――――出生地　　↑統一標目形とヨミ
時間：　　　1892-1927――――――生没年
参照形：　　芥川，竜之介｜｜アクタガワ，リュウノスケ
参照形：　　芥川，竜之助｜｜アクタガワ，リュウノスケ
参照形：　　Akutagawa, Ryunosuke, 1892-1927
参照形：　　Akutagava, R., 1892-1927           いずれも
参照形：　　Акутагава, Рюноскэ, 1892-1927      「を見よ参照」形
注記：　　　小説家
注記：　　　『芥川龍之介全集』（岩波書店　1995-1998）
```

2－4図　名称典拠ファイルの例（個人名）

り」の名称である。一定程度その内容を表現している場合が多いとはいえ，内容（主題）からの集中機能を満たすレベルではない。そうした集中機能には別途主題標目が用意されており，タイトル標目は特定資料の検索に有効であればよい。

　特定資料検索だけを考えれば，統一標目を定める必要はなく，「転記の原則」に従って記述に記録されたタイトルをそのままタイトル標目とするということになる。もっとも，タイトルが情報源によって異なる場合や，あるタイトルを持つ資料の中に複数の作品が収録されている場合（全体のタイトルだけでなく収録作品等からのアクセスも期待される場合）など，目録担当者の判断で複数のタイトル標目を付与すべきことはよくあり，タイトル標目の付与は必ずしも機械的な作業ではない。

　普通はタイトルに対しての典拠コントロールは行われないが，一部に例外がある。本章2節(3)bで述べたように，パリ原則では「同一著作の諸版」の集中も求めている。この機能は著者標目のコントロールによって実質的に果たされる場合が多いが，そうはいかないこともある。典型的なのは著者がはっきりしない古典作品や聖典（聖書など）である。これらは「アラビアン・ナイト」「千夜一夜物語」のようにタイトルのバリエーションも多く，記述そのままのタイトル標目では集中できない。このため，こうした著作については「統一タイトル（uniform title）」と称する統一標目を定めて名称典拠ファイルに収める必要がある。なお，統一タイトルの典拠コントロールを行う著作の範囲は規則によって異なり，古典作品や聖典のみならず，音楽作品や特に多くの諸版をもつ作品（シェークスピアなど）にも，これを行う場合がある。

（4） 標目に関わる新動向

　記述に関する動きよりはやや遅いが，標目についても近年，1960年代に確立された現在の枠組みを見直して，OPAC時代に適応したものとする動きが進んでいる。

　IFLAでは2003年以降，パリ原則に代わる新しい「国際目録原則（International Cataloguing Principles）」を策定する作業が行われており，2008年に完成の予定である[1]。著者基本記入方式にも等価標目方式にも適用できる原則となるこ

と,「タイトル」「著者」「主題」以外にOPACでよく用いられているその他のアクセス・ポイント（出版年など）も扱うこと，などがほぼ固まっている。

そのほかに，本章4節(4)bで述べたFRBRに対応して，典拠コントロールの概念モデルを作る「典拠データの機能要件」（Functional Requirements for Authority Data: FRAD)[1]が，やはりIFLAによって作成されつつある。

6. 目録法の歴史と動向

紀元前3世紀ごろ，エジプトのアレキサンドリア図書館では『ピナケス（Pinakes）』と呼ばれる目録が編纂されていたといわれ，目録の歴史は図書館とともに古い。しかし本節では，わが国でも広く使われている『英米目録規則』，そして『日本目録規則』に直接つながる範囲に絞って歴史を略述する。

(1) 西洋の目録規則：英米目録規則を中心に

a. 近代目録規則の誕生

今日につながる目録法が登場したのは19世紀半ばのことである。1841年刊行の『大英博物館刊本目録』には，パニッツィ（Pannizi, A）の手になる「91カ条の規則」が付された。これは，成文化された最初の目録規則といわれている。次いで米国では1876年，カッター（Cutter, C.A.）による『辞書体目録規則』が発表された。これは辞書体目録をはじめて提起するとともに，目録の目的（識別機能と集中機能）などの原則についても述べた画期的なものである。なお,19世紀後半は冊子体目録に代わってカード目録が登場した時代でもある。

このころ英米両国にそれぞれ図書館協会が設立され，1880年代に入ると両国で相次いで国内標準目録規則が作成された。そして20世紀に入ると英語圏内統一の動きが起こり，1908年に通称「英米コード（Anglo-American Code）」が作成されたが，英米両国には見解の相違が残った。その後も完全な統一規則と

前頁1) ただしこれは，必ずしも標目のみを扱うものではなく，目録全般の原則を企図している。

1) 当初は「典拠レコードの機能要件」（Functional Requirements for Authority Records: FRAR）という名称であった。

はならず，第二次大戦後にいたるまで，両国独自に改訂作業が行われていた。

b. 目録原則の統一

国際図書館連盟（IFLA）は1927年に設立され，ここで目録規則の標準化が企図されたが，その動きが本格化したのは第二次大戦後のことである。1961年，パリで「目録法原則国際会議（ICCP）」が開かれ，標目の選択と形式に関する「パリ原則」が合意にいたった。この会議では，特に英米系の目録規則と，独自の発達をとげていたドイツ系の目録規則との差異が議論され，国際合意がはかられた。

さらに1969年以降，国際標準書誌記述（ISBD）の制定作業が行われ，70年代にはISBD(G)および各資料種別のISBDが次々と誕生した。以後，各国の目録規則は，パリ原則とISBDを基礎に整備されていくこととなる。

c. 英米目録規則（AACR）の整備

パリ原則を受けて，英米にカナダを加えた3国による目録規則制定が進められ，1967年に『英米目録規則』（AACR1と略される）が完成した。しかし英米の完全な調整はつかず，「英国版」「北米版」が並行して刊行されることとなった。

70年代に入ると，ISBDの制定などもあって再び規則制定の動きが起こり，1978年に『英米目録規則第2版』（AACR2と略される）が刊行され，これにより英米の目録規則の統一が成された。国際標準への対応，非図書資料と図書の対等な取り扱い，などを方針として策定されたこの規則は，英語圏のみならず国際的に広く使われている[1]。AACR2はその後1988，1998，2002年にそれぞれ改訂版（Revision）が出されている。特に2002年の改訂は比較的大規模であった（「コンピュータ・ファイル」と「逐次刊行物」の両章の全面改訂が行われ，章名もそれぞれ「電子資料」「継続資料」に変更された）。

AACR2はパリ原則に従った「基本記入方式」をとり，「第Ⅰ部　記述」「第Ⅱ部　標目，統一タイトル及び参照」の2部構成（ほかに付録など）である。記述の部は「図書，パンフレットおよび印刷した1枚もの」「地図資料」「手稿」「楽譜」「録音物」「映画およびビデオ録画」「静止画像資料」「電子資料」

---

1) わが国の学術図書館でも，洋書にはAACR2を適用するのが一般的である。

「3次元工芸品・実物」「マイクロ資料」「継続資料」という，各資料種別ごとに記述規則を記した章が主体である。標目の部は，基本記入標目・副出標目の選定を扱う「アクセス・ポイントの選定」に続いて，「個人標目」「地名」「団体標目」「統一タイトル」の形の決定を扱う章などがある。

d. 目録規則抜本改訂の動き

本章4節・5節の終わりで，記述・標目それぞれに抜本的な見直しの動きがあると述べた。AACRでも2002年以降全面改訂の作業が進められている。当初は改訂版を「AACR3」と仮称していたが，2006年現在では仮タイトルを「RDA：Resource Description and Access」とし，2009年完成をめざすとしている。

（2）『日本目録規則』（NCR）の展開

近代日本の最初の目録規則は，1893年に日本文庫協会（現在の日本図書館協会（Japan Library Association：JLA））が作成した『和漢書目録編纂規則』とされる。その後もいくつかの規則が作られているが，戦時中に青年図書館員連盟により完成された『日本目録規則』（1942年版[1]）が，日本の標準目録規則であるNCRの源流である。戦後になると日本図書館協会が標準目録規則の策定を計画し，『日本目録規則1952年版』が作られた。1942年版，1952年版ともに著者基本記入方式をとっている。さらに，パリ原則の合意をうけて新規則作成が行われ，『日本目録規則1965年版』が制定された。和洋書をともに対象とする比較的詳細な規則で，当然ながらパリ原則に則った著者基本記入方式を採用している。

ところが戦後日本の図書館界では，基本記入方式と記述独立方式（等価標目方式）のいずれが望ましいかという論争が起こり，これはパリ原則制定後も続いた。その結果次第に記述独立方式が合理性あるいは簡易性の観点から支持され，1977年にいたって「記述ユニット・カード方式」（記述独立方式）をとる『日本目録規則新版予備版』が作成された。新版予備版は和漢書のみを対象とする比較的簡略な規則であり，「本版」までの過渡的な性格を意図されてい

---

1) 刊行は1943年だが，完成時点をとって「1942年版」と呼ばれている。

た。

　しかし「本版」化には時間がかかり，10年をかけてようやく完成したのが『日本目録規則1987年版』である。1987年版の内容は次節に譲るが，この版では，「書誌階層」の導入や「ISBD区切り記号法」の採用など，予備版の本版化というレベルを超える大きな改訂が行われた。なお1987年版は1994年に「改訂版」，2001年に「改訂2版」が出され，これの最新版は2006年の「改訂3版」である。

7．日本目録規則（Nippon Cataloging Rules： NCR）1987年版

　本節では，わが国の現行標準目録規則である『日本目録規則1987年版』の構成・特徴を紹介する。ただし，ここでは概要を述べるにとどめるので，規定の詳細や実際については本シリーズ第10巻の『資料組織演習』を参照されたい。なお，説明は最新版である「1987年版改訂3版」（2006年6月）に沿って行う。

（1）特徴と構成

　前節で述べたように，1987年版は「新版予備版」（1977）を「本版」化したものであり，その大きな特徴であった記述独立方式を継承している。1987年版の「序説」ではこの点について，「標目の種別を問わず，多様な検索を可能とする機械可読目録に，より一層適した方式」だと述べ[1]，コンピュータ目録の進展の中で新たな意義づけを行っている。このためコンピュータ目録をも意識して，新版予備版で用いられた「記述ユニット・カード方式」の語は，「記述ユニット方式」と改められることになった（つまり，「カード」という語が取り去られた）。

　また，コンピュータ目録と書誌情報共有化の進展に対応して，「ISBD区切り記号法」の適用や「記述の精粗」（本章本節(3)b参照）の規定など，いくつか

---

1)　『日本目録規則1987年版改訂3版』p. 7．

の事項が新規に導入された。なかでも最大の新機軸が，次項に述べる「書誌階層」「書誌単位」の考え方である。資料を構造的に把握し，記述の対象となる「書誌単位」を定めるこの方式は，他の目録規則にはあまり見られない，独自性の強いものである。

さらに，多様な資料への対応につとめたことも，1987年版の特徴の一つである。1977年当時の新版予備版は「図書」「逐次刊行物」のみの規定で，「その他の資料」は準備中とされていた。その後徐々に「追録」の形で整備されたが，十分とはいえなかった。これに対して，1987年版では当初から後述のように各資料種別を対等に位置づけて「記述」の部を構成する方式をとっている[1]。

1987年版の全体構成は，冒頭から，「序説」「総則（０章）」，全13章の「第Ⅰ部 記述」，全６章の「第Ⅱ部 標目」，全５章の「第Ⅲ部 排列」，さらに「略語表」「カード記入例」「用語解説」など六つの「付録」と「索引」からなる。

（２） **書誌階層と書誌単位**

NCR1987年版の大きな特徴である「書誌階層」「書誌単位」について紹介する。

本規則では「書誌的記録を構成する書誌的事項[2]には，全体とそれを構成する部分（例：セットもののタイトルと単行資料のタイトル）という，上位と下位の階層構造が成立する場合がある」とし，この階層を「書誌階層」と呼ぶ。次頁の**２－２表**の例１でいうと『刀水歴史全書』とそのうちの１冊『結婚・受胎・労働』の関係である。そして，階層構造はいくつかの「書誌レベル」からなるとし，最も基礎的な「基礎書誌レベル」とその上位，下位レベルを設定できるとする。**２－２表**は単行資料（継続資料以外の資料）を想定したもので，基礎書誌レベルが「単行レベル」，上位が「集合レベル」，下位が「構成レベル」となっている。さらに「同一の書誌レベルに属する，固有のタイトルから始まる一連の書誌的事項の集合」を「書誌単位」と呼び，書誌レベルに対応して３種類の書誌単位が設定できる。

---

1) ただし，1987年段階では未作成の章もあった。全章が出そろったのは1994年の「改訂版」刊行時である。
2) これは，ISBDでいうところのエリアとエレメントの両者に相当するものである。

2-2表 NCR1987年版における書誌階層の例

	例1	例2
集合書誌単位 （上位書誌レベル＝集合レベル）	刀水歴史全書 　刀水書房	講座日本語と日本語教育 　宮地裕ほか編集 　明治書院1989-1991発行 　全16冊　19cm
単行書誌単位 （基礎書誌レベル＝単行レベル）	〈28〉 結婚・受胎・労働 　M.プライア編　三好洋子編訳 　1989年発行　270p　20cm	〈第13-14巻〉 日本語教育教授法 　寺村秀夫編　1989-1991発行 　2冊　19cm
〈物理単位〉 *書誌単位とはされない		〈上巻〉 　1989発行　418p
構成書誌単位 （下位書誌レベル＝構成レベル）	出版された女性の著作 　パトリシア・クローフォード著 　p.207-253	

　この例では『結婚・受胎・労働』が基礎書誌レベルにあたる「単行書誌単位」であり，シリーズ名の『刀水歴史全書』が「集合書誌単位」となる。例2と合わせてみると，単行・集合それぞれに書誌的要素（エレメント）を設定できることがわかる。

　また，下位レベルの「構成書誌単位」は単行資料中に含まれる著作に対応するものである。例1では『結婚・受胎・労働』という図書中の一つの章をなす「出版された女性の著作」が構成書誌単位と位置づけられている。

　ところで，例2の『日本語教育教授法』は上下2冊からなっているが，「上巻」「下巻」のような1冊1冊の単位を「物理単位」といい，これは書誌単位とはみなされない。実は，前版である「新版予備版」（1977）は物理単位（複数冊からなるものは常に1冊ずつ）を記述対象としていた。1987年版はこれを改め，「固有のタイトル」が与えられた範囲（『日本語教育教授法』なら2冊組）を「書誌単位」とみなすこととなった。

　実際に記述を作成する場合，一般的には単行レベルを基礎に作成するが，集合レベルでまとめて記述する「多段階記述」や構成レベルを扱う「分出記録」等の記載様式が示されている。またこの概念の応用により，「NACSIS-CAT」

7．日本目録規則（Nippon Catalogirg Rules：NCR）1987年版

のように各書誌レベルを独立して管理する運用も可能である（NACSIS-CATについては3章3節(4)a参照）。

（3） 記述の諸相

a. 資料種別と記述の各章

「第Ⅰ部　記述」では、まず「記述総則」の章がおかれ、その後、「図書」「書写資料」「地図資料」「楽譜」「録音資料」「映像資料」「静止画資料」「電子資料」「博物資料」「点字資料」「マイクロ資料」「継続資料」という資料種別ごとの12章が続く。資料種別（章立て）は、おおむね媒体もしくは表現形式による区分によっているが、「継続資料」のみは刊行方式による区分でほかと異質である（継続資料以外の資料を「単行資料」と呼ぶ）。なお、これらの章の分量は、40ページを越える「図書」から本文5ページの「点字資料」（多くの項目は「図書」を参照している）までさまざまであるが、各章が並列していることからわかるように、この規則は、多様な資料を対等に扱おうとしている。

b. 記述の原則

1 ） **情報源と転記の原則**　　資料種別ごとに、各書誌的事項の情報源を定めている。わが国の出版慣行を考慮して、標題紙を絶対視せずいくつかの箇所を総合的にとらえるのが特色である。タイトルをはじめとする多くの書誌的要素は、情報源からの転記を原則とする。規定の情報源以外の情報をもとにする場合は、［東京］のように括弧で囲み（「補記」という）、情報源からの転記でないことを明確化する。

2 ） **区切り記号法**　　書誌的要素ごとに、ISBDに準じた区切り記号法を用いる。

3 ） **記述の精粗**　　第一水準（必須）、第二水準（標準）、第三水準（詳細）の3段階を設定し、図書館の規模や方針に応じて、記述の精粗（詳しさの度合い）を選択できるようになっている。

c. 書誌的事項の内容（図書の例）

NCRでは、ISBDの「エリア」にあたるものを「○○に関する事項」と表記し、その中にいくつかの「書誌的要素」を配置している。「事項」「要素」はISBDの「エリア」と「エレメント」に準拠して設定され、「区切り記号法」もこれ

結婚・受胎・労働 ： イギリス女性史 1500〜1800 ／
M.プライア編 ； 三好洋子編訳． ― 初版
東京 ： 刀水書房， 1989
13, 270p ； 20cm． ― （刀水歴史全書 ； 28）
原書名： Women in English society 1500-1800
内容： イギリス女性史研究の動向 ／ ジョオン・サ
ースク． 婚姻内出産率と授乳 ／ ドロシー・マクラ
ーレン． 寡婦の再婚 ／ バーバラ・J・トッド．...

2-5a図　図書の記述例1：2-2表の例1に対応
（「内容」はまだ続きがあるが本例では紙数の都合で省略した）

日本語教育教授法 ／ 寺村秀夫編
東京 ： 明治書院， 1989-1991
2冊 ； 19cm． ― （講座日本語と日本語教育 ／ 宮
地裕［ほか］編 ； 第13-14巻）
参考文献： 各章末
ISBN 4-625-52113-0　4-625-52114-9

2-5b図　図書の記述例2：2-2表の例2に対応

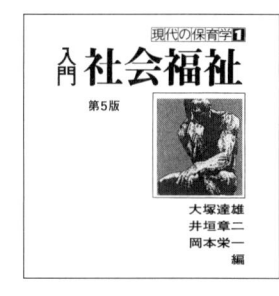

7．日本目録規則（Nippon Catalogirg Rules：NCR）1987年版　　　　　　　　　　　　　45

入門社会福祉　／　大塚達雄［ほか］編．　― 第5版
京都　：　ミネルヴァ書房，　2001
4，321p　；　21cm．　―（現代の保育学　；　1）
付：　資料（社会福祉の増進のための社会福祉事業法
等の一部を改正する等の法律の概要）
ISBN 4-623-03435-6

　　　　　2－5c図　図書の記述例3：版を重ねた図書

に準拠している。以下八つの「事項」を説明するが，その際には図書の記述例
である2－5図を参照されたい。
　1）　**タイトルと責任表示に関する事項**　　「本タイトル」「資料種別」「並列
タイトル」（他言語のタイトル），「タイトル関連情報」（サブタイトルなど），
「責任表示」からなる。「資料種別」（任意規定）は，印刷された文字資料以外
の資料に対して「［映像資料］」のように，資料種別名称を本タイトルに続けて
記録するものである。「責任表示」は知的・芸術的内容の創造に関わった個人
・団体に関する表示で，著者（共著者を含む）・編者・訳者などさまざまな役
割のものがこれに相当する。著者標目とは異なり情報源上の表示をそのまま記
録するのが原則であるが，3人以上の場合は最初の1名にとどめる[1]などいく
つかのルールがある。

1）　正確にいうと，同じ役割を果たしている複数の個人・団体がいる場合である。こ
　　の種のルールは多くの規則にあるが（AACR2は4人以上の場合に省略），もとも
　　とはカード目録時代にスペース上の制約等から作られたものである。コンピュータ
　　目録の環境下では見直すべきとの意見も強い。

2）**版に関する事項**　例3にあるように，主に情報源上の「版表示」を記録する。「改訂版」などのほか，「豪華版」のように内容が同じで外装の異なる版もある。特定の版に関わる責任表示なども記録する場合がある。

　3）**資料（または刊行方式）の特性に関する事項**　ある資料種別に特有の事項を記録するところで，例えば地図資料の場合，縮尺率などを記録する。なお，図書には用いない。

　4）**出版・頒布等に関する事項**　通常は「出版地」「出版者」「出版年」などを記録する。版表示とともに，特定版を識別する重要な要素である。出版年は，当該版の最初（初刷）の発行年を記録する。そのほかに，出版に代えて頒布に関する事項を記録したり，製作（印刷など）に関する事項を併せて記録したりする場合もある。

　5）**形態に関する事項**　「数量」「その他の形態的細目（挿図等）」「大きさ」「付属資料」を記録する。図書の場合，基本的に数量はページ数もしくは冊数を，大きさは高さ（cm）を記録する。付属資料とは，図書の付録のCDなどを指す。

　6）**シリーズに関する事項**　書誌階層上で「上位の書誌レベル」の情報（単行書誌単位の記述を行っていれば，集合書誌単位の情報）を記録する。具体的には「シリーズ名」「シリーズに関係する責任表示」などと「シリーズ番号」などからなる。

　7）**注記に関する事項**　他の書誌的要素に収まらない事項を記録する。各書誌的要素に関する補足的事項のほか，本文の言語，書誌的来歴，内容細目[1]などを記録することもある。

　8）**標準番号，入手条件に関する事項**　標準番号については，図書の場合，国際標準図書番号（ISBN）を記録する。入手条件については，価格などを記録する。

　d. 継続資料の記述（逐次刊行物の例）

　「改訂3版」では，ISBDなどの改訂を背景に，「第13章　逐次刊行物」の範囲を拡張して「継続資料」と章名を改め，内容も大幅に改訂した。継続資料は

---

[1]　資料の中に含まれる構成レベルの著作に関する情報。

7．日本目録規則（Nippon Catalogirg Rules：NCR）1987年版

「完結を予定せずに継続して刊行される資料」と定義されている。従来の対象範囲である逐次刊行物（雑誌など）に加えて，ウェブ・サイトや加除式資料のように内容が随時変更される「更新資料」も含めて範囲を設定し直したものである。前述のように継続資料は刊行方式による区分であり，冊子形態であれその他の媒体であれ，上記定義に収まるものがすべて含まれる。

2－6図は，逐次刊行物（雑誌）の記述の例である。図書と大きくは異ならないが，特有の事項がいくつかある。

継続資料では「継続して刊行」される資料の総体が記述対象となり，これに対応する「継続刊行書誌単位」が基礎書誌レベルの単位となる。なお逐次刊行物では，タイトルに「重要な変化」があった場合は新たな記述を作成する。2－6図の例ではタイトル変遷に関する注記も行われている。

また情報源については，資料中のどこを優先するかということのほかに，継続刊行されるどの時点のものを優先するかの規定が必要である。逐次刊行物では初号を「記述の基盤」とし，主要な書誌的要素は初号に基づいて記録する。その後の変化に関する情報は，注記に記録されることとなる。

書誌的要素の設定は図書と大きく異ならないが，逐次刊行物では「資料（または刊行方式）の特性に関する事項」として，刊行の範囲を示す「順序表示」を記録する。

なお図書の場合，既述のように，標準番号として国際標準図書番号（ISBN）が記録されるが，逐次刊行物の場合，標準番号として国際標準逐次刊行物番号（International Standard Serial Number：ISSN）が記録される。

更新資料については，最新号を「記述の基盤」とし，タイトルの変更があっ

心身医学 ＝ Japanese journal of psychosomatic medicine ／ 日本心身医学会 ［編］
16巻1号（昭51.2）－
福岡 ： 日本心身医学会， 1976－
　冊 ； 26cm
刊行頻度： 年8回刊（－41巻8号(2001.12)）→月刊(42巻1号(2002.1)－)
出版地変更： 東京（35巻7号(1995.10)－）
継続前誌： 精神身体医学

2－6図　逐次刊行物の記述例

ても新たな記述を作成しない（新しいタイトルに書き換える）など，逐次刊行物とはかなり異なる規定となっている。

e. その他の資料の記述

記述の大枠は，資料種別にかかわらず統一されているが，地図資料の「数値データ（縮尺など）」，楽譜の「楽譜の種類」のように，資料種別によって「資料（または刊行方式）の特性に関する事項」に独自の書誌的要素を設定している場合がある。また「注記に関する事項」にもそれぞれの資料種別に応じた規定が多い。

2001年の「改訂2版」で全面改訂されたのが「第9章　電子資料」（旧名称「コンピュータファイル」）である。ISBDなどの改訂動向に沿い，増加する電子資料に対応をはかったものである。この改訂により本章は，CD-ROMなどの媒体を操作する「ローカルアクセス」型資料のみならず，オンライン利用の「リモートアクセス」型資料をも対象とすることとなった。

2006年の「改訂3版」では，継続資料とともに，和古書・漢籍に関する規定の整備も行われた。専用の章を設けるのではなく，「第2章　図書」「第3章　書写資料」にそれぞれ版本・写本に関わる規定を挿入するという手法をとっている。これら前近代の資料に関しては，「版」を単位とせず個別資料を記述対象とする点をはじめ，伝統的な古典籍目録等の方式にも一定の配慮を払ったものとなっている。

（4）標目と排列

「第Ⅱ部　標目」は「改訂3版」全445ページ中の約45ページを占めるに過ぎず，「英米目録規則（AACR）」等と比べて非常に簡略である。「標目総則」に続いて，「タイトル標目」「著者標目」「件名標目」「分類標目」「統一タイトル」の各章がある。等価標目方式をとっているため基本記入標目選定のための規定は必要なく，例えば著者標目では，著作への関与の度合いに応じて「標目とするもの（著者，編纂者など）」「必要に応じて標目とするもの（編者，訳者など）」の規定を行っている。なお，「標目付則2」として「単一記入制目録のための標目選定表」を設け，基本記入方式にも一定の配慮を示している。

著者標目（個人・団体）については「典拠ファイルに定められた統一標目の

7．日本目録規則（Nippon Catalogirg Rules：NCR）1987年版

形」を用いると明記している。統一タイトルは，無著者名古典，聖典，音楽作品を適用範囲とし，無著者名古典・聖典の統一標目表を付録に掲げている。なおNCRはカード目録の排列を念頭において，和資料の標目はカタカナで表すと規定しているが，コンピュータ目録では漢字形とヨミ形をともに記録する運用が一般的である。

「第Ⅲ部　排列」は「排列総則」「タイトル目録」「著者目録」「件名目録」「分類目録」の各章からなる。語の分かちを考慮しない「字順排列」を原則としている。

第3章　コンピュータ技術と目録法

　本章では，コンピュータやネットワーク技術を利用して行われる目録作成の仕組みやプロセスとこれに関連する新技術について述べる。具体的には，第1節でOPACについて触れ，第2節でコンピュータで読み取り可能な目録（データ）であるMARCの成り立ちと構造，第3節でコンピュータを用いた各館蔵書目録作成の実際，第4節で目録に関連する新たな展開について述べる。

1．OPAC

　「コンピュータ目録」とは，コンピュータで直接読み取り可能な電子媒体に蓄積された目録データを，やはりコンピュータを用いて利用する目録のことである[1]。これには，CD-ROMやDVDなど物理的媒体によるオンディスク目録と，コンピュータ・システムにオンラインで接続して提供されるオンライン目録とがある。オンライン目録は当初図書館内での業務のみに利用されていたが，まもなく利用者の検索のために開放されて，これは「OPAC（Online Public Access Catalog）」と呼ばれるようになった。OPACは「オパック」もしくは「オーパック」と発音され，「オンライン利用者（用）目録」「オンライン閲覧目録」などと邦訳される。現在では，オンディスク目録は少なくなり，OPACが主流となっている。

　日本においてOPACは1980年代半ば頃から館内利用端末で提供されはじめた。その後90年代に入ってインターネット基盤の整備が進むとともに，ウェブで館内外どこからでもOPACにアクセスできるようになった。このようなOPACは「Web OPAC」と呼ばれている。21世紀に入って以降，OPACのWeb OPAC化が顕著になりつつある。

---

[1]　コンピュータ目録が出現する前は，電子媒体に蓄積された目録データを目録カードにプリントアウトしてカード目録を作成していた。

（1） OPACの利点

それまで長年作成・利用されてきたカード目録に比べて，OPACはこれの利用者側にも図書館側にも以下のような多くの利点がある。

1） 豊富なアクセス・ポイント　カード目録の場合には，原則としてタイトルのヨミ，著者のヨミ，件名のヨミ，分類記号からしか対象を見つけ出すことができず，それも，先頭の文字列からしか探すことができなかった。これに対してOPACでは，タイトルの途中の文字列でも探すことができるし，ヨミだけでなく元の形（漢字かなまじりの文字列など）を使うこともできる。さらに必要に応じて，出版者や出版年などをアクセス・ポイントにすることも可能である。また，タイトルと著者など二種類以上のアクセス・ポイントを組み合わせて検索したり，検索結果を出版年などで絞り込んだりすることもできる。

2） 資料の状態データとの連携　カード目録を検索しても，その資料が現在利用可能な状態であるかどうかは，書架やカウンターで確認しなければわからなかった。OPACでは，検索した資料が貸出し中であれば，そのことを返却期限とともに表示できるし，発注中，整理中であれば，そのことも利用可能日とともに表示できる。さらに，予約も受け付けることができる。

3） 時間や場所による拘束の軽減　カード目録の場合，利用できるのは図書館内のみで，それも開館時間に限られていた。これに対してOPAC，それもWeb OPACでは，時間と場所に縛られずに検索することが可能となる。

4） タイム・ラグの短縮　カード目録の場合，作成にしても修正にしても追加にしても，実際にカード・ボックスに排列されるまでの時間が長かった（そのことが実際の資料が利用可能になるまでの時間にも影響を及ぼしていた）。これに対して，OPACでは，データ作成後ほとんどタイム・ラグなくそれを利用に供することができる。

5） 目録作成の負担軽減　コンピュータの利点の一つに，複製や修正，追加が瞬時に可能ということがある。複製が容易なことにより，他館で作成された目録（データ）を複製して，自館の目録（データ）として活用することが短時間でできる。また作成途中に間違いに気づいた時も，最初から書き直さずとも簡単に修正できる。また，カード目録のように排列の手間がかからない。

6） 横断検索の実現　カード目録の場合には検索範囲はその図書館の蔵書のみであった。これに対してOPACの場合，Web OPACの進展により，インターネット経由でこれらの間を同時に横断検索できるような仕組みも導入できるようにになってきた。このことによって，例えば利用者は，県下の複数の図書館目録を同時に検索したり，自館目録でヒットしなかった資料について，検索語を入力しなおすことなく，同じ条件で他の図書館の目録を検索したりすることができるようになった。

（2）　OPACの実例：国立国会図書館のNDL-OPAC

1990年代半ばから日本でもインターネットの利用が急速に広まり，ウェブ・サイトでの情報提供が広く行われるようになっていった。「国立国会図書館（National Diet Library：NDL）」でも，電子図書館プロジェクトの一環として，納本される資料の情報をより迅速に提供するためのツールとしてウェブを利用することが検討され，2000年3月，「Web-OPAC」の名称で，蔵書の一部（和図書200万件，洋図書20万件）が公開された。2002年10月には，これは雑誌記事索引や博士論文に関する情報提供も含めた「国立国会図書館蔵書検索・申込システム（National Diet Library Online Public Access Catalog：NDL-OPAC）」サービスの一部に統合され，現在にいたっている。

現在NDL-OPACで提供されているデータは，和図書，洋図書，雑誌記事索引，和・洋逐次刊行物，古典籍資料，博士論文，地図資料，音楽録音資料，規格資料等と幅広く，過去のデータの遡及入力も進められている。「東京本館」「関西館」「国際子ども図書館」のいずれの館で所蔵されているかという所蔵情報が提供されているのが，NDL-OPACの最大の特徴である。

2．MARC

（1）　MARC概説

「MARC」とは"Machine Readable Catalog"または"Cataloging"の略で，「機械可読目録」または「機械可読目録作業」と訳される。

2. MARC

コンピュータで目録レコードを読み取るためには，その目録レコードがどのような規則に従って入力されているかを示す設計図のようなものを用意しておく必要がある。これを「MARCフォーマット」という。目録レコードには，タイトルの長いものや短いもの，フィールド項目（データ項目）の多いものや少ないものなどがあり，個々のレコードの長さはまちまちである。こうした長さの異なる可変長レコードを何らかの媒体（初期は磁気テープ）に効率よく記録するためには，独特の設計図すなわちフォーマットが必要だった。

このMARCフォーマットの開発にいち早く着手したのが米国の「議会図書館（Library of Congress：LC）」であった。米国議会図書館は1950年代末頃から業務の自動化やカード目録の機械可読化に取り組み，1966年，MARCの試行実験を開始した。この実験で，1968年までに約5万件の図書の目録データを機械可読形式に変換し，実験参加館に配布することに成功した。この結果を受けて，1968年，実験当初のMARCフォーマットを改良したMARC IIフォーマットを開発し，本格運用に入った。

その後，1968年に英国で開発された「UK/MARC」をはじめとして多数のMARCフォーマットが開発され，日本でも1981年，国立国会図書館により「JAPAN/MARC」（フォーマット）が開発され，このフォーマットによるレコードの頒布が開始された。さまざまなMARCフォーマットが現れてきたので，米国議会図書館のMARCフォーマットも他と区別するため「LC/MARC」と称されるようになり，1983年には「US/MARC」と改称された。

1990年代半ば頃から，米国，英国，カナダの各国は目録作業軽減の必要性から，相互の目録データ共有化を目指して，フォーマット調整に向けた検討を開始した。まず1997年に「US/MARC」とカナダの「CAN/MARC」との調整が行われ，1999年，両者の統合版MARCフォーマットが「MARC21」の名称で頒布された。一方，英国の対応は遅れた。これは，フォーマットの大きな変更による図書館システムへの影響が懸念されたからである。英国は，ようやく2004年になってMARC21に移行した。現在では，MARC21は，これらの国以外でも採用されている[1]。

---

1) MARC21については，Library of Congress-Network Development and MARC Standards Office MARC Standards 〈http://www.loc.gov/marc/〉に詳しい。

(2) MARCフォーマットの特徴

　MARCフォーマットの最大の特徴は,可変長レコードに対応するため,レコードを記録するための全体構造を規定する「外形式」と,個別のレコード内部のフィールド項目(書誌情報を記録するためのデータ項目)を規定する「内形式」とを分離した点にある。

　外形式は「レコードラベル」「レコードディレクトリ」「データフィールド群」「レコード終端記号」からなる。「レコードラベル」部はそのレコードが新規レコードか,図書のレコードか,などそのレコードの全体的な特徴を収載する部分である。「レコードディレクトリ」は,そのレコードに収録されるフィールドの種類とその長さ,開始位置が指示される部分である。「データフィールド群」は実際の書誌レコードなどが記録される部分である。「レコード終端記号」はレコードとレコードの間を区切るものである。

　一方,内形式はレコード内で使用されるフィールドやサブフィールドの名称,およびその使用法(区切り記号法や繰り返しの可否など)について指示したものである。

　なお外形式および内形式の具体例については,本節(4) JAPAN/MARCの項を参照していただきたい。

(3) MARC交換用フォーマット

　異なるMARC同士のデータ交換を容易にするためには,フォーマットの標準化が必要である。

　外形式の標準には,ISO[1]2709「情報交換用フォーマット(Format for Information Exchange)」があり,MARC21やJAPAN/MARCはこのフォーマットを採用している。

　一方,内形式の標準を定めたものに「UNIMARC(Universal MARC)」がある。「UNIMARC」は,各国で作成されるMARCレコードの交換を目的として,1977年にIFLAによって提案されたフォーマットである。「UNIMARC」

---

　1) ISOについては,7章2節(4)b参照。

の外形式にはISO2709が採用されている。

(4) JAPAN/MARC

「JAPAN/MARC」は,国立国会図書館とその他図書館および関連機関,学識経験者からなる審議会を経て,1978年に決定されたフォーマットである。「JAPAN/MARC(M)」フォーマットでの図書書誌データの頒布は1981年,「JAPAN/MARC(S)」フォーマットでの逐次刊行資料書誌データの頒布は1988年に開始された[1]。磁気テープからデータを読み取るには,大型の装置を必要とし,小規模な図書館では導入が容易ではなかったが,その後CD-ROMドライブ内蔵型のパソコンの普及とともに,それに対応したCD-ROM形態の「J-BISC (Japan Biblio disc)」が頒布され,これがJAPAN/MARCの利用拡大に貢献した。J-BISCには検索インタフェースも最初から用意されており,ドライブにセットして簡単なインストール作業を行うだけでこれを利用することができた。2002(平成14)年には,明治期から2000(平成12)年までの和図書データ約250万件を収録した「J-BISC DVD版」も刊行された。これには未収録であった児童書遡及データ約4万件も採録されている。

なお,2002年,図書の(M)と逐次刊行資料の(S)のフォーマットが統一され,国内出版物の書誌データが一つのフォーマットで提供されるようになった。また,JAPAN/MARCの記述ブロック以降の部分(57~58頁の**3-1表**参照)では,日本語を扱う必要上,2バイト(漢字)文字モードのフィールドがUNIMARCのフォーマットに一致していないため,UNIMARCを介したデータ共有の困難が長年指摘されていたが,同年,UNIMARCフォーマット対応版も平行して発表された。

書誌レコードだけでなく,1997年には,典拠レコードの磁気テープによる配布が始まった。これは『JAPAN/MARC著者名典拠』と呼ばれており,これには,当初,日本人著者名のみ採録されていたが,2000年には,団体名,外国人著者名の採録も開始された。提供媒体には2001年からCD-ROMが加わっ

---

1) ここで「(M)」は,英語で単行書(図書)を意味する"monograph"の頭文字をとったものであり,「(S)」は,英語で逐次刊行物(雑誌の類)を意味する"serial"の頭文字をとったものである。

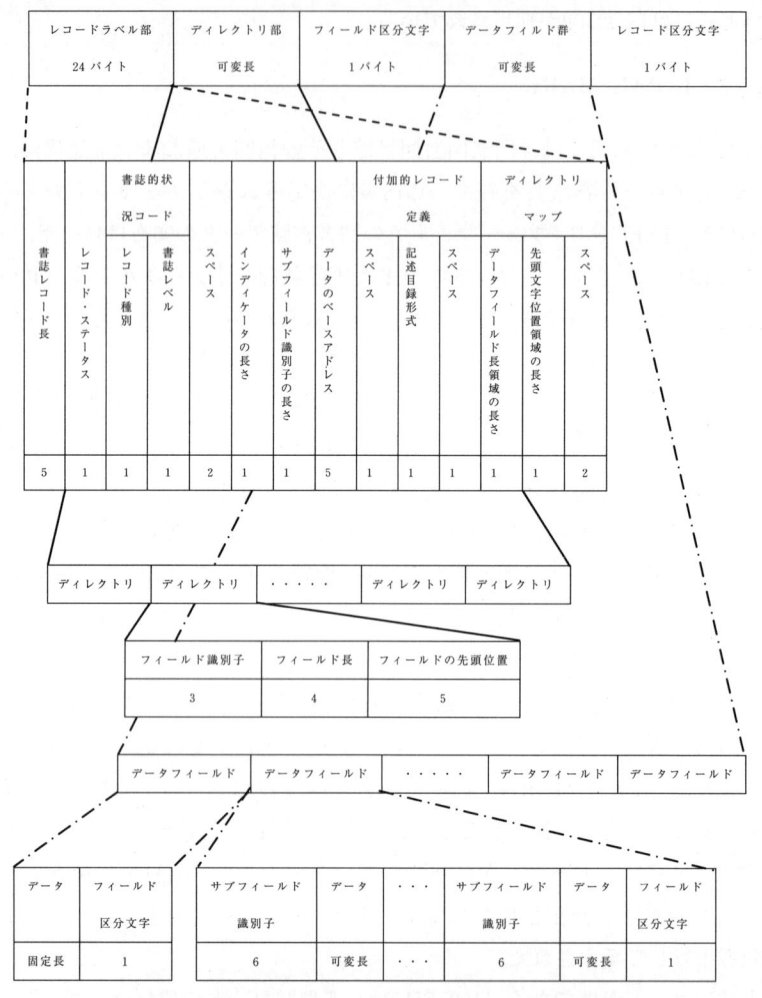

レコードラベル部	ディレクトリ部	フィールド区分文字	データフィールド群	レコード区分文字
24バイト	可変長	1バイト	可変長	1バイト

書誌レコード長	レコード・ステータス	レコード種別	書誌レベル	スペース	インディケータの長さ	サブフィールド識別子の長さ	データのベースアドレス	スペース	記述目録形式	スペース	データフィールド長領域の長さ	先頭文字位置領域の長さ	スペース
5	1	1	1	2	1	1	5	1	1	1	1	1	2

書誌的状況コード ／ 付加的レコード定義 ／ ディレクトリマップ

| ディレクトリ | ディレクトリ | ‥‥ | ディレクトリ | ディレクトリ |

フィールド識別子	フィールド長	フィールドの先頭位置
3	4	5

| データフィールド | データフィールド | ‥‥ | データフィールド | データフィールド |

データ	フィールド区分文字	サブフィールド識別子	データ	‥‥	サブフィールド識別子	データ	フィールド区分文字
固定長	1	6	可変長	‥‥	6	可変長	1

3-1図　書誌レコードフォーマット外形式

た。2003年には，件名典拠収録も視野に入れたデータ・エレメントの再定義が行われ，名称も『JAPAN/MARC(A)[1]』となった。こちらはUNIMARCフォーマットに完全に準拠する形で作成されている。

---

1) 「(A)」は，英語で典拠を意味する"authority"の頭文字をとったものである。

2. MARC

3-1表 書誌レコードフォーマット内形式（データ要素一覧）抜粋

（必須……○：必須，◎：対の中で必須，M：単行資料のみで必須。繰り返し……○：繰り返し可，×：繰り返し不可）

ブロック	識別子フィールド	フィールド名	必須	識別文字サブフィールド	サブフィールド名	必須	繰り返し
識別ブロック	001	レコード識別番号	◎	−	レコード・コントロール番号	○	×
	010	ISBN		A	ISBN		○
	011	ISSN		A	ISSN		○
	020	全国書誌番号	◎	A	国名コード	○	×
				B	全国書誌番号	○	×
コード化情報ブロック	100	一般的処理データ	◎	(略)			
	101	著作の言語		A	テキストの言語		○
				C	原文の言語		○
	102	出版国または制作した国		A	出版国コード		○
記述ブロック	25n n=1〜9	タイトルと責任表示に関する事項	◎	A	本タイトル	○	×
				B	タイトル関連情報		×
				D	巻次,回次,年次等		×
				F	責任表示		○
				W	資料種別		×
	261	並列タイトルに関する事項		A	並列タイトル	○	○
	265	版に関する事項		A	版表示等	○	×
	269	電子資料の特性に関する事項		A	電子的内容	○	○
	270	出版・頒布等に関する事項		A	出版地,頒布地等		×
				B	出版者,頒布者等	◎	×
				D	出版年,頒布年月等		×
	275	形態に関する事項		A	特定資料種別と資料の数量	M	×
				B	大きさ		×
				E	付属資料		×
	28n n=1〜3	シリーズに関する事項		A	本シリーズ名	○	×
				B	シリーズ名関連情報		×
				D	シリーズ番号		×

記述ブロック	350	一般注記	A	一般注記	◎	◎
	354	原タイトル注記	A	翻訳資料の原タイトル	◎	◎
	360	内容に関する注記	A	内容に関する注記	◎	◎
	386	電子的内容に関する注記(電子資料)	A	電子的内容注記	◎	◎
	387	システム要件に関する注記(電子資料)	A	システム要件注記	◎	◎
アクセスポイントブロック	55n n=1〜9	タイトル標目(タイトル関連情報の読み等を含む)	A	カタカナ形	◎	×
			X	ローマ字形	◎	×
			B	漢字形	◎	×
			D	巻次等の読み		×
	58n n=1〜3	シリーズのタイトル標目(下位シリーズ及びタイトル関連情報の読み等を含む)	A	カタカナ形	◎	×
			X	ローマ字形	◎	×
			B	漢字形	◎	×
			D	巻次等の読み		×
	650	個人件名標目	A	カタカナ形	◎	×
			X	ローマ字形	◎	×
			B	漢字形		×
	658	一般件名標目	A	カタカナ形	◎	×
			X	ローマ字形	◎	×
			B	漢字形		×
	677	NDCによる分類記号	A	分類記号	◎	×
			V	NDC版次		×
	685	NDLCによる分類記号	A	分類記号またはカナ付	◎	○
	751	著者標目	A	カタカナ形	◎	×
			X	ローマ字形	◎	×
			B	漢字形		×
			3	典拠番号	M	×
	905	国立国会図書館の請求記号	(略)			

(『JAPAN/MARCマニュアル単行・逐次刊行資料編 第1版』より)

　書誌レコードの入力規則は長らく『日本目録規則1977年版』に準拠してきたが，現在は『同1987年版改訂版』(1994年刊行)以降の版への対応が進められている。

　現行のJAPAN/MARCフォーマットの概要を56頁の**3−1図**，57〜58頁の

2．MARC

```
001  96033317                              ☜ レコード識別番号
010  $A 4-621-06038-4                      ☜ 国際標準図書番号
020  $A JP $B96033317                      ☜ 全国書誌番号
100  $A 19960507 1995        JPN1312       ☜ 一般的処理データ
251  $A イギリス文学の旅 $B 作家の故郷をたずねて $D イングランド南部篇 $F 石原
     孝哉‖[ほか]著                          ☜ タイトルと責任表示に関する事項
270  $A 東京 $B 丸善 $D 1995.12             ☜ 出版・頒布等に関する事項
275  $A 286p $B 19cm                       ☜ 形態に関する事項
280  $A 丸善ブックス $B 38                   ☜ シリーズに関する事項
360  $B 1800円                             ☜ 装丁と定価に関する注記
377  $A 参考文献一覧：p259～263              ☜ 内容に関する注記
551  $A イギリスブンガク ノ タビ $X Igirisu bungaku no tabi $B 251 $D イングラ
                                          ☜ タイトル標目
658  $A イギリスブンガク|レキシ $X Igirisubungaku|Rekisi $B イギリス文学‖歴史 $A ブン
     ガクシャ|イギリス $X Bungakusya|Igirisu $B 文学者‖イギリス  ☜ 件名標目
677  $A 930.2                             ☜ 分類標目（NDC）
685  $A KS74                              ☜ 分類標目（NDLC）
751  $A イシハラ,コウサイ $B Isihara,Ko^sai $B 石原‖孝哉 ☜ 著者標目
905  $A KS74-G4                           ☜ 国立国会図書館の請求記号
```

（注）図の作成にあたって使用した『J-BISC教材版for Windows』は1997年発行のため、現行フォーマットとは一部異なる点がある。

3－2図　J-BISCからダウンロードした目録データ例

```
KS74      イギリス ブンガク ノ タビ
G4
          イギリス文学の旅：作家の故郷をたずねて．イングラン
          ド南部篇　／　石原孝哉　[ほか]　著
          東京：丸善，1995.12
          286p；19cm．—（丸善ブックス；38）
          参考文献一覧：p259～263
          ISBN：4-621-06038-4

          t1．イギリス ブンガク ノ タビ　a1．イシハラ,コウサイ　s1．イギリス文学
          —歴史　s2．文学者—イギリス　①KS74　②930.2
                                                    1800円
                                                    JP96-33317
```

（注）『J-BISC教材版for Windows』からダウンロードしたデータをカード表示させると、ISBD区切り記号は表示されない。

3－3図　J-BISCからダウンロードしたカード形式のデータ例

3-1表に示す。紙幅の都合上，そのすべてを網羅していない。また典拠フォーマットは省略した。詳細は，『JAPAN/MARCマニュアル単行・逐次刊行資料編　第1版』および『同典拠編　第1版』を参照いただきたい。

なお，前頁の3-2図，3-3図は，実際にJ-BISCからダウンロードした目録データの例と，それをカード形式で表示させたものである。

3．コンピュータを用いた目録作成

(1) 集中目録作業

「集中目録作業」とは，一つの機関あるいは組織が集中的に行う目録作業のことである。図書館は，この作業によって作成された目録データの中から自館の所蔵する資料のデータを利用（流用）して自館の目録を構築すれば，自館で一から目録を構築する必要がなくなり，目録作業を効率化できる。

集中目録作業は目録作業にコンピュータが導入される以前から採用されてきた。米国議会図書館や国立国会図書館などの全国書誌作成機関[1]は納本制度によって国内の出版物を網羅的に収集し，これの目録を作成してきたのだが，これは「集中目録作業」にほかならない。多くの図書館が，これらの機関から頒布される目録カードを利用して，自館の目録を構築してきたが，目録のコンピュータ化により，集中目録作業による目録データの効率的利用が促進された。

コンピュータを用いた集中目録作業のプロセスは次のとおりである。

(1) 各館はMARCを購入し，自館のコンピュータにセットする。
(2) 各館の目録作成者は，このMARCから自館の受け入れた資料のレコードを検索する。
(3) 検索でヒットしたレコードを自館の目録データベースにコピーする。
(4) 必要に応じて，コピーしたレコードに独自の件名を付与するなどの修正を加える。

こうして行われる目録作業は「コピー・カタロギング」と呼ばれている。た

---

1) これについては7章2節(3)参照。

だし，各館ともに一般に流通する資料以外にも多様な資料を扱うため，コピー・カタロギングのみではすべての資料の目録を作成することはできない。したがって，検索してヒットしなかった資料については，自館でデータを作成することになる。これを「オリジナル・カタロギング」という。

「コピー・カタロギング」の割合が多いほど目録作業は効率化される。この割合を高めるためには，できる限りタイム・ラグが小さく，自館の収集する資料を多く含むMARCを利用することが必要である。しかしながら，全国書誌作成機関の作成するMARCについては，タイム・ラグの大きさがしばしば指摘されている。

現在，目録作成と資料購入とを一体で行う図書館も多く見られる。取次書店などから資料を購入する際に，その資料のMARCレコードを一緒に納入してもらうというわけである。これには，資料の購入と同時に，直ちに自館目録にデータを反映できる点にメリットがある。なお，このようなMARCとしては，公共図書館への資料提供に実績のある「図書館流通センター（Tosyokan Ryutu Center: TRC)」の「TRC MARC」が有名である。

わが国においては，多くの公共図書館が集中目録作業による目録データ（MARCレコード）を利用して自館OPACを構築している。

コピー・カタロギングを行う図書館側の対応として，単にデータを流用して効率化を図るということのみではなく，データの修正を行い，利用者への豊富なアクセス・ポイントの提供を行うという点が重要である。しかしながら，1997年の日本図書館協会の調査によれば，書誌データの追加や加工を行っている館は，回答館中の半数にも満たないことが報告されている。

（2）共同目録作業と書誌ユーティリティ

強力な書誌作成機関が目録レコードを集中的に作成する「集中目録作業」に対して，図書館が共同・分担して目録を作成する方式を「共同目録作業」（もしくは「分担目録作業」）と呼ぶ。集中目録作業では基本的にオフライン環境で磁気テープ等の物理媒体を介したデータの提供が前提とされているのに対して，共同・分担方式による目録作業ではオンライン環境が前提とされている。

共同目録作業を調整する役割を担う組織は存在するが，集中目録作業のよう

にその組織自体が目録を作成するわけではなく，ここは共同目録作業のための仕組みを提供するに過ぎない。すなわち，これへの参加館によって作成された目録レコードをまとめて蓄積しておくための共同データベースを用意するということである。参加館はそのデータベースにオンラインで接続して，目録を作成する。

　この方式によって各館が目録を作成する手順は次のとおりである。
(1)　共同データベースを検索する。
(2)　該当の目録レコードにヒットした場合には，そのデータを自館のデータベースにコピーする。
(3)　ヒットしなかった場合には，その館がレコードを共同データベース中に新規作成した上で，自館のデータベースにそのレコードをコピーする。したがって，共同データベースの目録レコードは，日々増え続けることになり，それに伴いヒット率も上昇する。なお，代表的な共同データベースのヒット率は，いずれも90%を超えている。

　(2)の手順は「コピー・カタロギング」，(3)の手順は「オリジナル・カタロギング」である。(3)の手順をより効率的に遂行するため，「集中目録作業」により作成された各種MARCレコードが活用される。すなわち，検索して該当レコードがヒットしなかった場合に，その資料のレコードを一から作成するのではなく，MARCレコードの中に該当レコードが存在すれば，そのレコード（「参照MARC」という）を元にしてその資料のレコードを作成するのである。これには，ひな形を用いて文書を作成するのと同様に，一からすべてレコード作成するよりも心理的・物理的負担が軽いという利点がある。ただし，MARCレコードの作成機関によって準拠する目録規則が異なるため，レコードの内容確認を怠ってはならない。

　共同目録作業の最大の特徴は，自館のOPACが構築されるのと同時に共同データベースに総合目録が形成される点にある。各参加館は，自館OPACに目録レコードをコピーする際，共同データベースの目録レコードに自館の所蔵データを付加する。これによって「総合目録（union catalog）」が形成されるのである。ひとたび形成された総合目録は，「相互貸借（Inter Library Loan：ILL）」に利用することが可能であり，図書館資料の共同利用が促進される。

参加館が増えれば増えるほど，共同目録作業においてはその「品質管理」が重大な問題となる。例えば参加館の目録担当者が共同データベースの検索に失敗し，該当レコードを発見できずに重複レコードを作成してしまったり，新規作成にあたって誤ったデータを入力してしまったり，必要なデータを入力しなかったりすることにより，他の参加館の目録作業に不要な負担をかける，ILL業務に支障をきたすなどの悪影響が及ぶ。効率的な目録作成を目指して始めたはずの共同目録作業が，かえってその作業の効率を悪化させるという矛盾した状況を生み出しかねない。したがって，各館の担当者には十分な注意を払って作業に当たることが求められる。また担当者への研修機会の提供も図られなければならない。

共同目録作業を行なうための共同データベースを運営する組織を書誌ユーティリティという。既述のように，書誌ユーティリティでは，「総合目録データベース」（共同データベース）中に各参加館が所蔵資料の目録レコードを蓄積してゆく。目録レコードは書誌レコードと所蔵レコードとから構成される。そして参照ファイルに参照MARCが複数用意され，それを流用して新規書誌レコードを作成できるようになっている。

次図は，従来カード目録に記述されていたデータと日本の書誌ユーティリティである国立情報学研究所（NII）の「NACSIS-CAT」のデータとの対応関係を示したもの（64頁の3-4図），およびNACSIS-CATの「総合目録データベース」の構造（65頁の3-5図）と，それを用いた目録作成作業の流れ（66頁の3-6図），および書誌新規作成作業画面例（67頁の3-7図）である。なお国立情報学研究所の書誌ユーティリティの概要については後述する。

（3） 北米の書誌ユーティリティ

米国では，1967年にオハイオ州内の大学図書館が共同して非営利の会員組織「OCLC（Ohio College Library Center）」が設立され，共同・分担方式での目録作業が開始された。OCLCは1977年にオハイオ州以外の機関の参加を認め，1981年には略称はそのままに"Online Computer Library Center"と改称した。

北米では，OCLCのほかにも，ワシントン州立大学図書館の一部門として設

カード目録

```
504        イノセ，ヒロシ                    標目
Ino
           情報の世紀を生きて／猪瀬博著
           東京：東京大学出版会，1987
           vii, 250p；20cm

S890527    t1. ジョウホウ ノ セイキ オ イキテ  a1. イノセ，ヒロシ
           s1. 情報科学  ①504
```

所在情報　　　　　書誌記述　　　　　　　　記録

総合目録データベース　　記録　　　記録

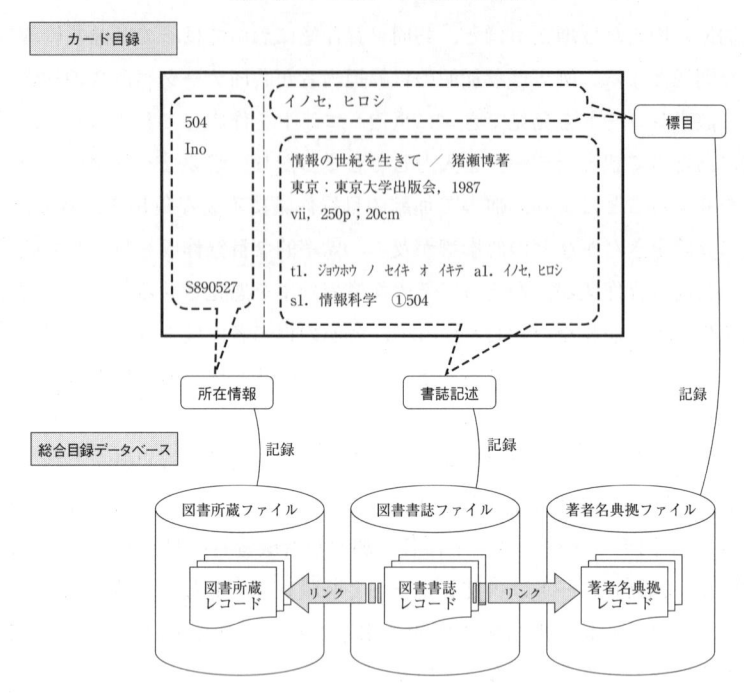

図書所蔵ファイル　　図書書誌ファイル　　著者名典拠ファイル

図書所蔵レコード ←リンク→ 図書書誌レコード ←リンク→ 著者名典拠レコード

3－4図　カード目録とNACSIS–CATデータベースの対応
（国立情報学研究所編『目録システム利用マニュアル第5版』2003より）

立され，後に非営利組織として独立した「WLN（Western Library Network）」「米国研究図書館連合（Research Libraries Group：RLG）」により開始された「RLIN（Research Libraries Information Network）」，カナダのトロント大学から始まった「UTLAS」（現在は"A–G Canada"に移管）など，1970年代に相次いで書誌ユーティリティが発足した。

　それぞれに特徴的なサービスを展開していたが，1990年代末から統合への動きが現れ始めた。WLNは1999年にOCLCの傘下となり，RLGも2006年にOCLCとの経営統合を発表した。こうしてOCLCは急速にその規模を拡大し，2006年現在，世界100か国を超える4万以上の機関が参加するまでに発展した。

　OCLCのサービスの中核を構成するのは，共同方式によって構築された目録データベース"World Cat"である。2006年11月現在，約7,000万件の書誌レ

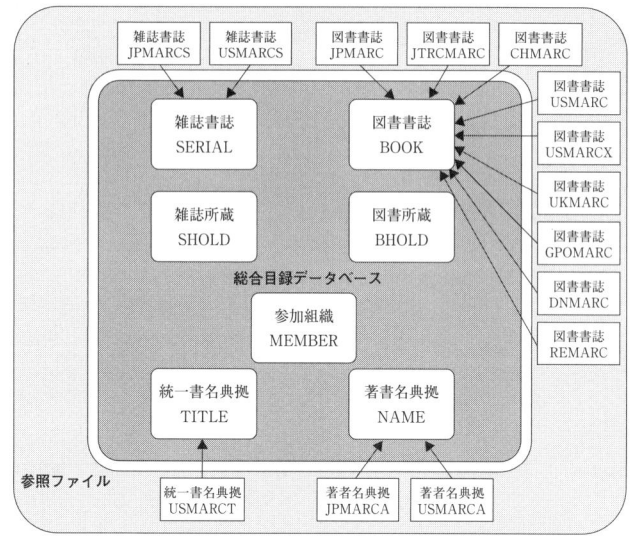

３．コンピュータを用いた目録作成

3－5図　NACSIS-CATのデータベース構造
(国立情報学研究所編『目録システム利用マニュアル第5版』2003より)

コードと10億件を越す所蔵レコードを保有する。

(4) 日本の書誌ユーティリティ

a. 国立情報学研究所

　1970年代に北米を中心に書誌ユーティリティが発足すると，日本でも，特に大学図書館関係者の間でその必要性が強く認識されるようになった。1973年の学術審議会学術情報分科会第三次答申の中に，電子計算機および通信回路を利用した学術情報流通システムの改善提案が見られ，さらに1980年の同審議会答申「今後における学術情報システムの在り方について」では，「学術情報システムは人的，物的の各種資源の共有を基調としたネットワーク構造とし，学術情報にかかわる各機関はその固有の機能を高度に発揮することによってシステム全体の一翼を担うものとする」と，学術情報ネットワークの全体像が明示され，大学図書館もこの中に位置づけられた。「MARCデータベースを基にし，コンピュータと通信網を利用した極めて効率的な目録作成・所在情報形成のシ

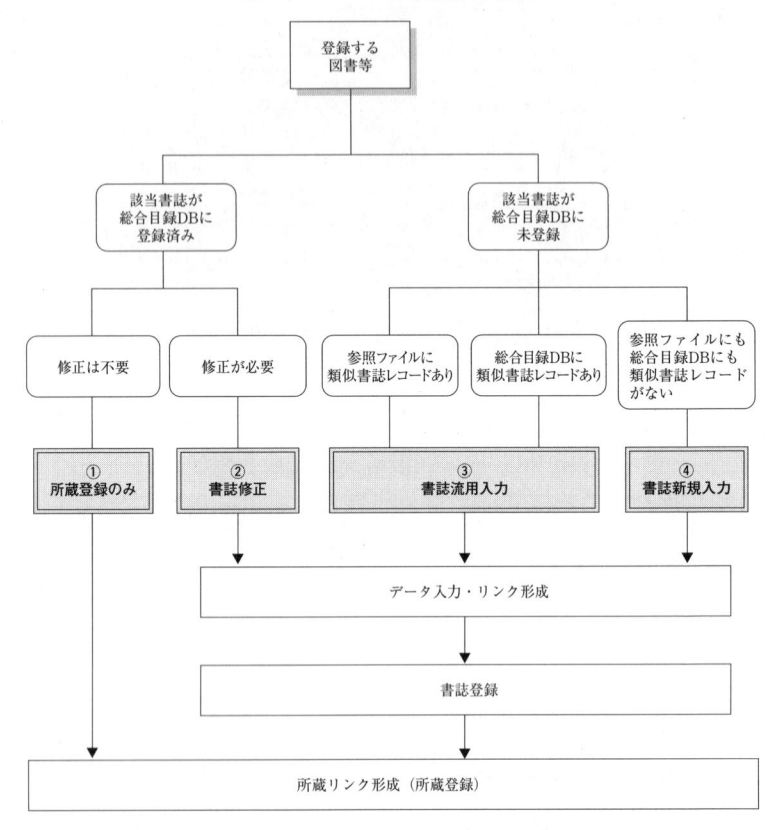

第3章 コンピュータ技術と目録法

3−6図　NACSIS–CATの作業流れ図
（国立情報学研究所編『目録システム利用マニュアル第5版』2003より）

ステムが特に米国において高度に発達し，すでに同国内全域に広くネットワークを構成し，大学図書館をはじめ多くの図書館が利用し，目録業務の合理化と全国的な所在情報の形成による図書館間の相互利用など，国内の総合的な資料の運用に資している」との指摘は，OCLCなどを指したものであろう。日本でも同様の書誌ユーティリティの構築がイメージされていたことがわかる。こうして1983年に東京大学に文献情報センターが設置され，翌1984年に目録所在情報サービスが試行された。本格運用は1985年からである。1986年には，東京大学文献情報センターを改組して「学術情報センター（National Center for Sci-

3．コンピュータを用いた目録作成　　　　　　67

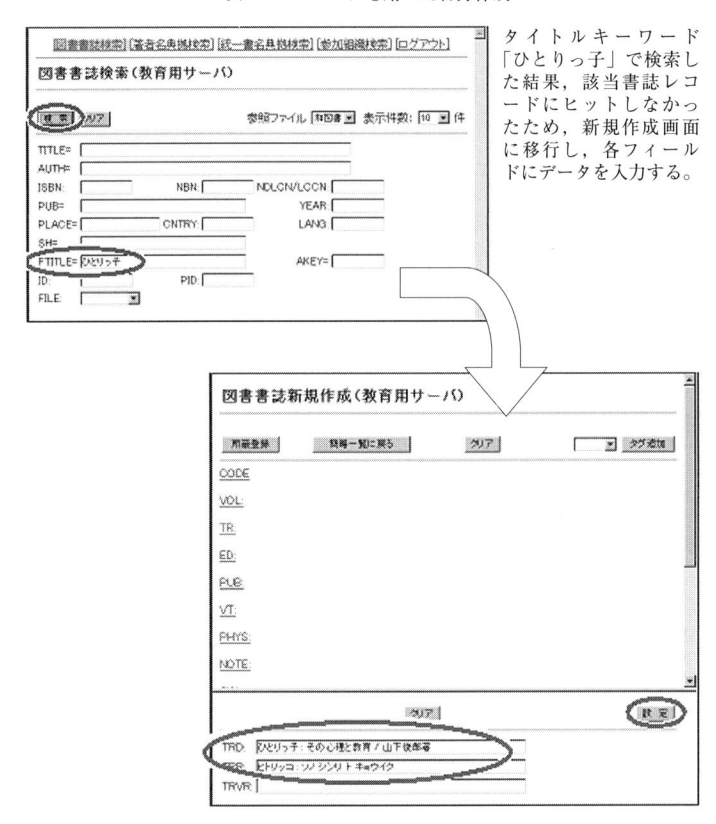

3-7図　図書書誌レコード新規作成画面例
(国立情報学研究所編『目録システム利用マニュアル第5版』2003より，解説を付加)

ence Information Systems: NACSIS)」が設立され，日本の書誌ユーティリティの基礎が固まった。学術情報センターは2000年，「国立情報学研究所（National Institute of Informatics: NII)」に廃止・転換され現在にいたっている。当初12機関で発足した共同目録作成システム「NACSIS-CAT」の参加館は2006年現在，国公私立の大学図書館を中心に1,000機関を突破し，図書書誌レコード約820万件（遡及入力レコードを含む)，所蔵レコード約8,600万件の規模となっている。

　しかしながら参加館の拡大，目録作成者の属性変化などにより，「品質管

理」の問題も増大している。2005年4月の「書誌ユーティリティ課題検討プロジェクト中間報告」では，重複等の原因による書誌削除率が近年急上昇し，2003年には総作成書誌中の7.3％に達していると報告されている。

b. 国立国会図書館の総合目録ネットワーク事業

公共図書館全体を見ると，コンピュータを用いた目録データベース作成の普及は大学図書館に比べ遅かった。1997年に日本図書館協会が実施した調査について記した『目録の利用と作成に関する調査報告書』(1998年3月)によれば，大学図書館で目録作業にコンピュータを導入している館の割合が職員数の比較的少ない小規模な図書館でも80％を越えていたのに対して，公共図書館では半数足らずという状況であった。

またコンピュータを導入していたとしても，公共図書館の場合，「集中目録作業」により個別に自館のOPACを構築していたため，全国の総合目録データを作成するのに困難があった。しかしながら，近年ようやく，公共図書館の世界でも，都道府県単位で総合目録を構築する動きや，域内の各図書館のOPACを横断検索するシステムを導入する試みを，多く目にするようになってきた。

このような状況の中，国立国会図書館は公共図書館における「全国総合目録データベース」と，それを基盤とした全国的な「相互貸借システム」の構築を目指し，1997年度までに情報処理振興事業協会（現，情報処理推進機構）との共同実験として進めてきた「総合目録ネットワークプロジェクト」を継承して，1998年4月，「総合目録ネットワーク事業」を立ち上げた。

その仕組みは，はじめから書誌レコードを分担して作成していくのとは異なり，国立国会図書館のJAPAN/MARCレコードを中核として，すでに各地域で作られた和図書の書誌レコードを国立国会図書館がネットワークを通じて週一回の頻度で回収（ただし初回のみ物理媒体で送付）し，それらを統合するという一括処理型のシステムである。書誌レコードを提供できる館（「データ提供館」）は，現在のところ都道府県立図書館および政令指定都市立図書館に限定されている。2006年現在の参加館は1,020館（うちデータ提供館57館），蓄積された書誌レコードは約3,000万件である。総合目録ネットワーク・システムの検索機能が現在一部公開されている（次頁の**3-8図**参照）。

所蔵情報が広く公開されることによりILLなどの利便性が高まる一方，その

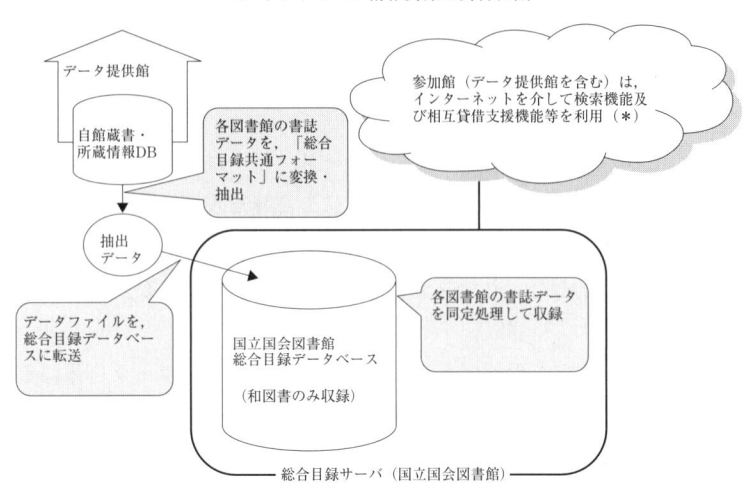

4．ネットワーク情報資源の資料組織　　　　　　　　　　　　　　69

3－8図　国立国会図書館総合目録データベースの仕組み
(『デジタル環境下におけるILL，ドキュメント・デリバリーとその運用基盤』図書館研究
シリーズNo.38より)

処理や送付にかかる経費面の圧迫や，これのルールが確定していないことから生じるトラブルなど，課題はまだ多い。

4．ネットワーク情報資源の資料組織

（1）　ネットワーク情報資源と検索エンジン

　インターネット上の情報資源（「ネットワーク情報資源」）は指数関数的に増加しており，自身の求めるネットワーク情報資源を検索するのは困難になりつつある。ネットワーク情報資源の中から必要な情報を発見するためのツールとして検索エンジンがあるのだが，これによる検索では，何千，何万というページがヒットすることも少なくない。それを何らかの手段で絞り込むことができたとしても，タイトルやURL，ファイルタイプ，更新日などに限られており，作成者やテーマからの検索は困難である。同じ文書どうしであれば，それ

が論文なのか，日記なのかを区別することもできない。また，深層ウェブと呼ばれる，検索エンジンには引っかかってこないサイトやページも多数存在する。

　ウェブの生みの親であるティム・バーナーズ＝リーは，現在のウエブを進化させることにより，ウェブ全体を機械同士にも意味を理解させることのできる壮大なデータベースとする構想を語り，これを「セマンティック・ウェブ（Semantic Web）」と呼んだ。セマンティックとは，「意味のある」との意味である。

　機械がウェブの内容を理解できるようにするためには，ウェブ自体にその仕掛けがなければならない。その仕掛けの一つが次に述べるメタデータである。

（2）メタデータ

　「メタデータ（metadata）」とは「データについてのデータ」を意味し，「情報資源を効果的に識別・記述・探索するために，その特徴を記述したデータ」（『図書館学情報学用語辞典第2版』）と定義される。ネットワーク情報資源の発見や識別に関わって用いられることが多い。

　あるウェブ・ページの意味を記述するためのメタデータとして，例えばそのページの「タイトル」と「作成者」と「発行者」と「発行日」とを記述することに決めたとしよう。メタデータを記述する際には，どの内容を記述するのにどのような項目名を用いるか，その項目をどのように拡張するか，その項目内容をどのような形で記述するか（例えば日付であれば，2006/01/01という形なのか2006-01-01という形なのか，など），といったことを定めねばならない。このようなことを定めたものを「メタデータ規則」という。

　次に，これをコンピュータが理解可能な言語で表現せねばならない。通常これには「XML（eXtensible Markup Language）」が利用される。ウェブ・ページを記述する言語として「HTML（Hyper Text Markup Language）」が広く知られているが，HTMLで使用できるタグは限定されており，これを自由に設定することができない。XMLはそれを可能にした言語である。XMLを使用すれば，例えば次のように記述することができる。

〈図書〉
　〈タイトル〉メタデータのすべて〈/タイトル〉
　〈作成者〉樹村太郎〈/作成者〉
　〈発行者〉樹村房〈/発行者〉
　〈発行日〉2006-01-01〈/発行日〉
〈/図書〉

　自由にタグを定めるといっても，個々人が好き勝手に定めていては，たとえ同名のタグであっても，そのタグ同士が同じ意味を表しているのか異なる意味を表しているのかが判別できない。そこで通常，タグ名はコミュニティごとに定められた「メタデータ標準」に準拠することが多い。このようなタグのセットは，あるURLで定義されることが多く，XMLでは，そのようなURLにあるタグのセットに基づくことを記すことができる。XMLのこのような機能は「ネーム・スペース（name space）」（機能）と呼ばれる。

　「メタデータ記述言語」としては，XMLに基づく「RDF（Resource Description Framework）」が開発されている。これは主語（subject），述語（predicate），目的語（object）という関係でメタデータを表現するものである。例えば上記例をRDFの枠組みで示すと以下のようになる。（ただし実際には，「作成者」や「樹村太郎」もURI[1]の形で表現される。）

　　情報資源のURL ──作成者──▶ 樹村太郎

　上記の例をRDFで記述すると次のようになる。（ここでは，情報資源のURLをhttp://www.example.org，作成者というタグをdc:creatorと表してある。）
　　〈rdf:RDF（略）[2]〉
　　　〈rdf:Description rdf:about="http://www.example.org"〉
　　　　〈dc:creator〉樹村太郎〈/dc:creator〉

─────────
1）情報資源の識別子。URLもURIに含まれる。
2）この部分には，これがXMLで書かれていることを示すXML宣言や，参照されるネーム・スペースが記述される。

〈/rdf : Description〉
〈/rdf : RDF〉

　上の例では任意に「タイトル」や「作成者」などのタグを定めた。例えば図書館が自館の発信するネットワーク情報資源についてまったく独自の「メタデータ」を定めることは無論可能であるが，それでは他館や図書館以外の「メタデータ」との間でデータを交換する際に，どの項目がどの項目に対応するか自動的には判別できず，困難を生じさせる。このため，多くのコミュニティで，そのコミュニティで共通に使用可能な「メタデータ標準」を定めており，通常はそうしたメタデータに準拠してタグ名（項目名）が定められる。中でも，多くの標準的メタデータがその項目を決めるに当たって参照している中核的存在が「ダブリン・コア・メタデータ・エレメント・セット（Dublin Core Metadata Element Set : DCMES）」である。これはよく，「ダブリン・コア（DC）」と略称で呼ばれる。

　このほか，各種メタデータ標準の例を次にあげる（3-2表）。

3-2表　メタデータ標準例

名称	分野
ONIX（Online Information Exchange）	書籍出版・販売情報
IEEE LOM（IEEE Learning Object Metadata）	学習・教育情報
CSDGM（Content Standard for Digital Geospatial Metadata）	地理情報
MODS（Metadata Object Description Schema）	図書館書誌情報
GILS（Global Information Locator Service）	政府情報
TEI（Text Encoding Initiative）	文学・言語学情報

　以下では，中核的なメタデータであるダブリン・コアと書誌情報のための標準とされる「MODS」について詳述し，メタデータとMARCの関係についても触れる。

(3) ダブリン・コア・メタデータ・エレメント・セット (DCMES)
http://dublincore.org

メタデータが図書館界でも注目されるようになったのは，1994年の「第2回World Wide Web Conference」でメタデータの問題が提起されたのに端を発し，1995年にオハイオ州ダブリンで「OCLC」と「NCSA (National Center for Supercomputing Applications)」の共催でメタデータに関するワークショップが開かれてからのことである。このワークショップでウェブ情報資源の発見を容易にするためには，それら情報資源の意味（セマンティクス）を示すコア・データを規定することが重要との認識が得られた。そして13の基本項目からなる「DCMES」を発表した。ダブリン・コアの継続的な開発は現在，「ダブリ

3-3表　DCMESの15エレメント

項目名(英)	項目名(日)	定義
Title	タイトル	情報資源の名前
Creator	作成者	情報資源の作成に主たる責任を負う主体
Subject	主題	情報資源のトピック
Description	記述	情報資源の説明
Publisher	出版者	情報資源を利用可能にする責任を負う主体
Contributor	寄与者	情報資源への寄与に主として責任を負う主体
Date	日付	情報資源のライフサイクルに関連する日付
Type	タイプ	情報資源の性質もしくはジャンル
Format	フォーマット	情報資源のファイルフォーマット，物理媒体，大きさ
Identifier	識別子	ある文脈内での情報資源への曖昧でない参照
Source	情報源	その情報資源が由来する情報資源への参照
Language	言語	情報資源への知的内容の言語
Relation	関連	関連する情報資源
Coverage	範囲	情報資源の時間的，空間的範囲
Rights	権利	情報資源に関連する権利情報

ン・コア・メタデータ・イニシアチブ（Dublin Core Metadata Initiative：DCMI)」と呼ばれる組織によって行われている。

　DCMESはその後3－3表（73頁）の15項目となり，2003年2月にISOによって国際標準として承認された(ISO15836：2003(E))。ISOにおいて，「DCMESとは領域を越えて情報資源の記述を行うための標準」と定義されている。これは各種メタデータの代替となることを意味するものではなく，交換のための枠組みとなることを意味するものである。そのため定められているのはエレメント・セットのみであり，それぞれの項目（エレメント）の具体的な記述法については定められていない。

　15項目のみに限定することにより，理解しやすい，記述する手間がかからない，などの利点がある一方，これらの項目だけでは十分な記述は不可能である。そのため，DCMIは各項目などを「限定子（Qualifier)」によって拡張する方法を用意している。こうして拡張されたものを「限定子付きダブリン・コア（Qualified Dublin Core：DCQ)」という。限定子には，各項目を詳細にするための修飾子と，符号化するスキーマとがある。例えば，Titleという項目の場合，Alternativeという修飾子を後ろに付けて，Title.Alternativeと拡張し，その他のタイトルを記述することができる。また，Subjectという項目の場合には，LCSHやMESH，DDC，LCC，UDCがスキーマとして指示されている[1]。

　限定子を用いる場合には，「ダム・ダウン（Dumb Down）原則」を守って記述しなければならない。これは限定子を外しても，記述に矛盾が生じないようにしなければならないという原則である。例えば，作成者の項目に所属という限定子を設定し，「作成者：樹村太郎，所属：樹村房」と記述した場合，限定子を除くと，「作成者：樹村太郎，樹村房」となり，「樹村房」まで作成者となってしまい矛盾が生じる。したがって，これはダム・ダウン原則違反となる。一方，日付の項目に，作成日と修正日という限定子を設定し，「日付：作成日：2006-06-13，修正日：2006-11-15」と記述した場合，限定子を除くと，「日付：2006-06-13，2006-11-15」となり，両者は日付という意味では矛盾し

---

1) LCSH以下については，5章，6章参照。

ないので,ダム・ダウン原則に違反していないことになる。

こうした拡張を加えてもなお,個別コミュニティのニーズを十分に反映させられるとは限らない。そこでDCMIでは,コミュニティごとにワーキング・グループを設け,各コミュニティのための,ダブリン・コアに基づく独自のメタデータの検討を進めている。すなわち,ダブリン・コアは,コミュニティ横断的に情報を交換するための「コア」となる部分(項目)を定義したものなので,各コミュニティでこれを利用するためには,ダブリン・コアで定義されているコアとなる項目以外に,自身のコミュニティで必要となる項目を検討し,定義する必要があるのである。

なお,上記のワーキング・グループの中には図書館ワーキング・グループがあり,このワーキング・グループは,「ダブリン・コア図書館応用プロファイル(DC Library Application Profile: DC-Lib)」という,項目数40を越える詳細なメタデータを提案している。

(4) メタデータとMARC

メタデータでは,コンテンツ作成者側がこれをコンテンツに付与しておくことが意図されている。この点,コンテンツ作成者ではなく,図書館側が付与する書誌情報(書誌データ)とは異なる。またメタデータが図書館の目録のようなものであるということから[1],図書館がこれまでのように目録を作成する必要はなくなるのではないか,とのMARC不要論を引き起こした。コンテンツを発見し,何らかの観点からこれを総覧する機能という意味では,図書館は将来もその地盤を維持し続けられるかどうか,との議論は今もなお続いているが,現在のところ,MARCとメタデータとは対立するものとして扱われるのではなく,相互に共有,融合されるべきものと考えられている。

そうした状況の中で,米国議会図書館はこの問題に対し次のような取り組みをしている。一つはMARCレコード(書誌情報もしくは書誌データ)をMARC

---

1) ただし,すべてのメタデータが図書館の目録のようなものというわけではない。メタデータは「データについてのデータ」を意味するものであるから,この定義に当てはまるものであれば,どのようなものでもメタデータとなる。図書館の目録のようなメタデータは,特に「記述的メタデータ」と呼ばれている。

フォーマットではなく，メタデータと同様XMLで記録する取り組みであり，XML化されたMARCは「MARC XML」と呼ばれている。さらに「クロスウォーク」[1]と呼ばれる，これまでのMARCのタグと各種メタデータの項目との対応表を作成する取り組みも進めている。例えば，MARC21とDCMESのタイトルに関連する項目を例にとると，次のような対応が示されている。

　　　　DCMES　タイトル　……→MARC21　245　00＄a（本タイトル）
　　　　　　　　　　　　繰り返し可能なら，246　33＄a（異なりタイトル）も

　書籍流通業界のメタデータ標準である「ONIX」や「米国連邦地理情報委員会（FGDC）」の定めた地図用メタデータ標準である「CSDGM」などとのクロスウォークも公開されている。これにより機械的に両者を対応させる指針は示された。しかし問題もある。通常MARCは多くのフィールドをもつ。一方，メタデータの項目数はそれほど多くはない。そのためMARCからメタデータにクロスウォークをかければ，データの大半が失われてしまう。逆にメタデータから「MARC」にクロスウォークをかけると，大半のフィールドが埋まらず，識別性の乏しいデータになってしまう。また，ここで定めているのは項目間の対応のみである。入力されるデータは，どのような規則に基づいて入力されるかによって当然異なるものである。例えばタイトルも，情報源のどこから採用するのかによって，違った形になるであろう。もちろん，URIなどの識別子によって機械的に異同を判別することは可能であるが，十分とはいえない。

　一方で米国議会図書館は，DCMESよりも豊富な内容を盛り込むことができ，しかもMARC21ほど複雑過ぎない「MODS（Metadata Object Description Schema）」[2]を考案した。したがってMODSのエレメントはMARC21のサブ・セットとされている。トップ・レベルのエレメント数は次の20である（次頁の**3－4表**参照）。

---

1) MARC21のXML化やメタデータとのクロスウォークについては，MARCXML Shema Official Web Site 〈http://www.loc.gov/standards/mods/〉に詳しい。
2) 詳細情報はMODS : Metadata Object Description Schema Official Web Site 〈http://www.loc.gov/standards/mods/〉で入手できる。

3-4表　MODSのトップ・レベルのエレメント

titleInfo	タイトル	note	注記
name	名称（個人，団体，会議）	subject	件名
typeOfResrouce	資料種別	classification	分類
genre	ジャンル	relatedItem	関連事項
originInfo	出版地，出版者，出版年など	identifier	識別子
language	言語	location	情報資源の場所（URLなど）
physicalDescription	フォーマット，ファイルタイプなど	accessCondition	アクセス条件
abstract	抄録	part	包含部分
tableOfContents	目次	extension	その他拡張用
targetAudience	利用者	recordInfo	レコード情報

(5)　さまざまなメタデータ構築事業

　ここでは，1章5節(2)で述べたサブジェクト・ゲートウェイやインフォメーション・ゲートウェイと呼ばれるものを中心に，機関リポジトリと呼ばれるものや国立国会図書館の電子図書館プロジェクトについて触れる。

a.　OCLC CORCとConnexion

　OCLCは図書館総合目録の構築で培ったノウハウをメタデータにも適用し，共同分担方式でメタデータを蓄積する試行実験を1999年に開始した。このプロジェクトを「CORC（Cooperative Online Resource Catalog）」という。ネットワーク情報資源のメタデータ作成に共同・分担方式をはじめて導入した点で注目が集まった。日本からは愛知淑徳大学図書館がこの実験に参加した[1]。2000年からは本稼動し，現在はもとからの図書館目録作成インタフェースと統合され，"Connexion"というサービスの一部となった[2]。このことによって，イン

---

1) 鹿島みづき．CORCプロジェクトに参加して．情報の科学と技術．vol.51, no.8, 2001, p. 409-417.

ターネット上の情報資源であるかないかによらず，すべての資料について，ダブリン・コア形式でもMARC形式でもその目録レコードの編集や出力ができ，相互の変換も可能となった。

b．NIIメタデータ・データベース共同構築事業と機関リポジトリ

　日本でも，大学図書館などでインターネットで発信する各種情報資源についてメタデータを作成する試みが行われるようになってきていた。そうした動きをさらに促進し，そこで作成されるメタデータを相互に共有して「ネットワーク情報資源」の総合的なデータベースの構築を目指して，2002年に全国の大学図書館等による共同・分担方式により，「国立情報学研究所（NII）」を中心とする「メタデータ・データベース共同構築事業」がスタートした。これは各参加機関がインターネット上に発信する学術的な公開情報のうち，継続的に維持管理され，信頼度の高い，安定的な情報資源を対象としている。

　データ形式は限定子付きダブリン・コア（DCQ）に準拠したものを用いる。対象資料は，電子ジャーナル・サイト，個別の雑誌記事ページ，研究大会サイトから統計データ・セットのサイトまで多岐にわたっている。

　データ入力に際して適用される記述規則は，従来の目録規則に比べて非常に簡略なものである。実際に記述対象となるネットワーク情報資源には多くの場合，従来の図書や雑誌の標題紙や奥付のようなコントロールされた情報源が付与されていないため，厳格な目録規則を適用してもほとんど記述が成立しないこと，ネットワーク情報資源は膨大であり詳細な記述が難しいことによる。ただし，こうして作成されたメタデータがどの程度の識別力を持ちうるのか疑問も残る。

　なお，個別にメタデータを入力する以外に，各図書館ですでに作成されたメタデータを一括してアップロードしたり，NIIのメタデータ・データベースのうちのあるデータ集合を一括してダウンロードする方法もある。これは「OAI-PMH（Open Archives Initiative Protocol for Metadata Harvesting）」というプロトコルを用いた方法である。「OAI-PMH」とは，対象となるメタデータ・データベースからURIなどの識別子を手がかりにメタデータを収集するため

　　前頁2)　中井惠久．OCLC Connexion：目録作成サービスの統合．カレントアウェアネス．no. 274, 2002.12.20.

の約束事を定めたものである。これにより，メタデータの交換の効率を向上させることが可能となった。

　次の図はNIIのメタデータ・データベース構築事業の機能概要と入力画面を示したものである（**3－9図**と80頁の**10図**）。

　メタデータを作成してデータベースを構築するということは，そこから実際の情報資源へのアクセスを確保することが求められるということである。その意味で，メタデータ・データベース構築事業は，「学術機関リポジトリ」の構築事業と密接に連携するものである。「学術機関リポジトリ」とは，各機関の刊行物や雑誌掲載論文を含め教育・研究に関わる学術成果物で，はじめからデジタル形式で作成されている一次コンテンツ本体の保存とアクセスの保証を目的としたものである。NIIは2004年から2005年にかけて，「学術機関リポジトリ構築ソフトウェア実装実験プロジェクト」を実施した（81頁の**3－11図**）。こうした動きの背景には，雑誌価格の高騰，購読者数の減少，投稿数の増加など複数の要因があいまって生じている学術情報流通の危機がある。できる限り多くの研究成果が迅速に広範囲に公開され，これを利用可能にするために，各機関が機関内で生産される学術情報を外部に公開する仕組みを構築しようとして

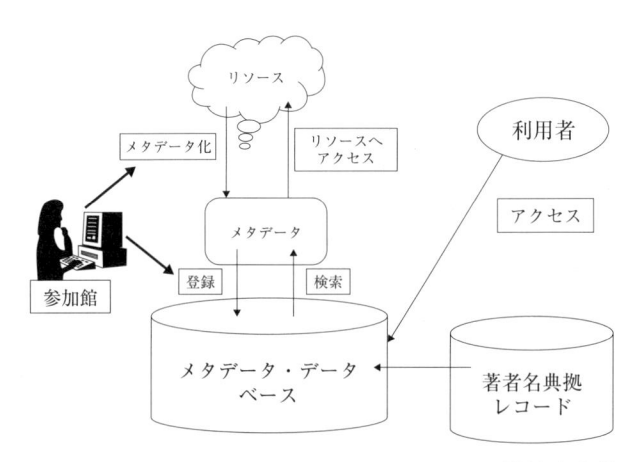

3－9図　NIIメタデータ・データベース共同構築事業機能概要
（国立情報学研究所「NIIメタデータ・データベース入力マニュアル2.0版」
〈http://www.nii.ac.jp/metadata/manual/〉より）

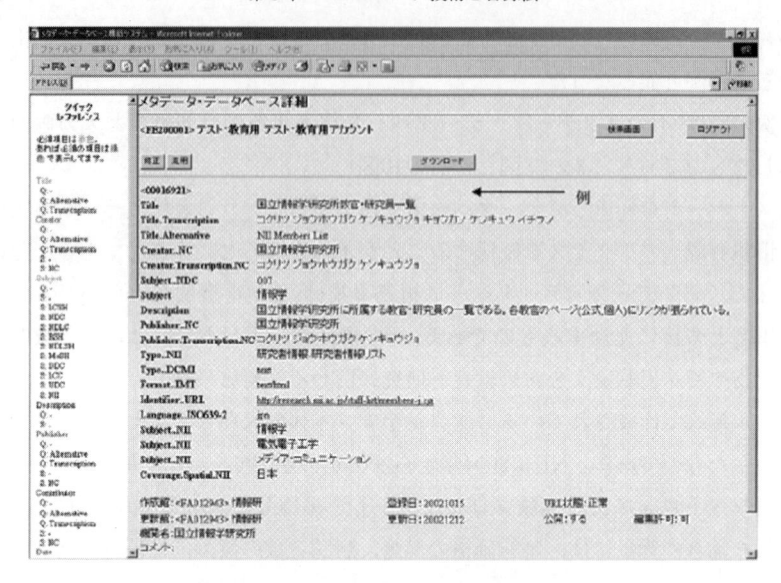

3-10図　メタデータ詳細表示画面
(国立情報学研究所「NIIメタデータ・データベース入力マニュアル2.0版」〈http://www.nii.ac.jp/metadata/manual/〉より)

いるのである。その際，リポジトリに登録される情報に前述のメタデータが付与されるのである。

c. 国立国会図書館の電子図書館事業とメタデータ

「国立国会図書館（NDL）」は貴重書データベースや近代デジタルライブラリー，インターネット情報資源の収集，各種デジタルアーカイブのポータルサイト構築など，電子図書館機能の充実を図っているが，そうした国内のインターネット情報資源に付与する独自のメタデータを公表している。

このNDLのメタデータもやはりDCMESに準拠しているが，限定子による拡張方式や各項目の運用方法の点で，NIIのメタデータと異なる部分がある。

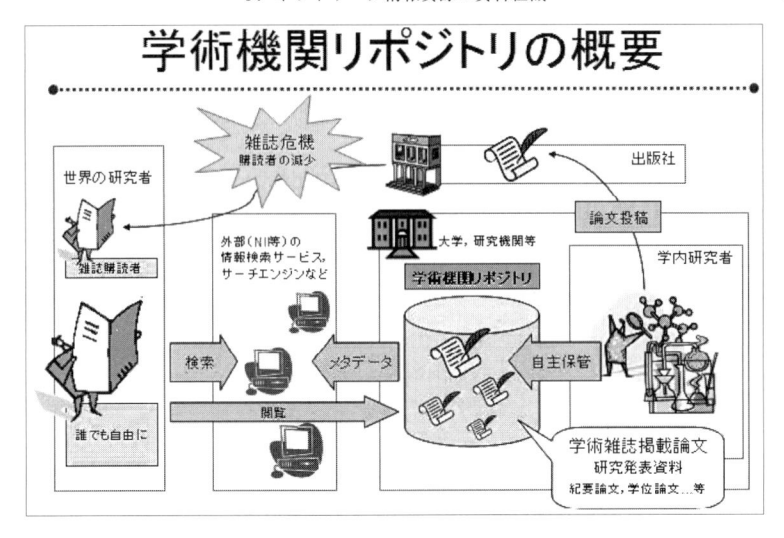

4．ネットワーク情報資源の資料組織　　　　　　　　　　　　　　　　　　　81

3-11図　NII学術機関リポジトリの概要図
(国立情報学研究所「学術機関リポジトリ構築ソフトウェア実装実験プロジェクト報告書
(平成17年3月)」〈http://www.nii.ac.jp/metadata/irp/NII-IRP.html〉より)

第4章 主題組織法

　この章では，第1章3節の「検索の種類：特定資料検索と主題検索」で説明した「主題検索」を実現するための資料組織の技法である「主題組織法」について説明する。

1．主題組織法の意義

　現代の社会は情報化社会とも呼ばれ，次々と新たな事件や事柄が私たちの周りに押し寄せてくる。また，色々な問題が私たちの生活や仕事の中で発生する。そうした時に，私たちは新たな情報を資料などの中から探し出してこれに対処しようとする。その時私たちは，自分の関心のある話題・事柄・事物などについて，「それについての情報」を得ようとする。別の言い方をすれば，情報資源に対して「主題検索」を行うわけである。
　世の中が変化し，生活が複雑になるにつれて，こうした私たちの「あるテーマについての情報を知りたい」という主題検索に対する欲求は，ますます多岐になり，大きくなるであろう。ここに，主題検索を実現するための資料組織の技法である主題組織法の意義が存在する。
　もちろん，資料数が少ない場合は，無秩序に（組織せずに）資料を蓄積していても，どこにどんな内容の資料があるかがわかるが，資料がある量以上になると，無秩序に（組織せずに）資料を蓄積していたのでは，どこにどんな内容の資料があるかがわわからくなってくる。そこで，収集した資料を，何らかの方法で内容（主題）に基づいて整理して，あとで主題検索しやすいようにしておくという，主題組織を施す必要が生じることになる。
　したがって，図書館など大量の資料を管理する立場の者は，資料に対して主題組織を施して，利用者の多岐にわたる主題検索の要求に備えていなければならないのである。書架分類や目録は，それを実現したものといえる。

2. 主題組織のプロセス

　主題組織は,「主題分析 (subject analysis)」を行って資料の主題を確定し,これに基づいて「索引語」を決定するという,一連のプロセスをへて行われる。このプロセスに関する作業を,「主題組織作業(もしくは索引作業,インデクシング)(indexing)」という。この作業は,以下のように図示される。

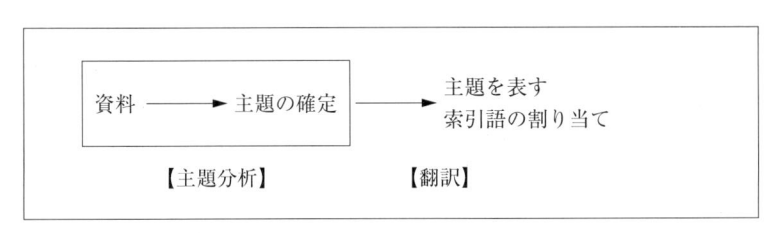

```
┌─────────────────────────────────────────┐
│                          主題を表す      │
│  資料 ──→ 主題の確定 ──→ 索引語の割り当て │
│                                         │
│       【主題分析】        【翻訳】        │
└─────────────────────────────────────────┘
```

4－1図　主題組織作業

　4－1図に見られるように,主題組織作業は,二つの段階からなり,これらはそれぞれ以下のように呼ばれている[1]。

(1)　主題分析
(2)　翻訳

　(1)の「主題分析」の段階では,対象とする資料が,「何について」書かれているのかを明らかにする。つまり,その資料の主題を発見する。

　(2)の「翻訳」の段階では,(1)で得られた主題分析の結果に基づいて,索引語が与えられる。索引語を,件名標目表・シソーラス・分類表などの統制語彙表の中から選ぶ場合,このような作業は,主題分析の結果を語彙表の語に翻訳する作業とみなせるので,翻訳と呼ばれるのである。この場合,語彙表の中から適当な語や記号を選んで,索引語として付与することになるので,このような索引法は「付与索引法 (assigned indexing)」と呼ばれる。これに対して,資料中に出現する語から索引語として適当な語を抽出して,これをそのまま利用

---

1)　Lancaster, F. W. Indexing and Abstracting in Theory and Practice. Third Edition. University of Illinois Graduate School of Library and Information Science, 2003, p.9－19.

する索引法は,「抽出索引法（derived indexing）」と呼ばれる。

なお,主題分析と翻訳という二つの段階は,理論的には明確に区別されるが,実務上は同時に行なわれることも多い。

3．分類法と件名法

主題組織法には,「分類法」と「件名法」（含,「シソーラス」による方法）の2種類がある。分類法とは,文字通り分類によって資料を検索可能にするものであり,件名法とは,資料の主題を表す語（名辞）によって資料を検索可能にするものである。

なぜ,主題組織法には,このような2方法があるのであろうか？ その理由を理解するためには,私たちの日常生活における情報の探し方を見てみるとよい。

いま,サッカーのJリーグについて情報がほしいとする。その時,そのものずばり「Jリーグ」という語をキーにして,情報を探すことができる。また,分類表をもとに,「スポーツ」→「サッカー」→「Jリーグ」というように階段を下りるように探すこともできる。前者は,件名法のやり方であり,後者は,分類法のやり方である。このように,私たちは,ある物事について調べる時,そのものずばりピンポイントで情報探しをすることもあれば,大きく網をかけて徐々に絞り込んでゆくこともある。

この二つの方法は,どちらも重要で,ケースバイケースで使い分けたり,併用したりされる。主題組織法は,より効果的な検索を保障するものであるから,分類法と件名法の両者を意識したものでなければならない。

4．自然語と統制語

次に,索引語を付与する際,そこで使われる語を,まったく自由に選択できることにするのか,これに一定の枠をはめてそれ以外は利用できないことにするのかという問題がある。前者の場合には,一つの概念に対してさまざまな表現が許容されるが,後者の場合には,一つの概念に対する表現は一通りに限ら

れる。前者の考えで付与される索引語を「自然語（natural language）」（もしくは、「非統制語（non-controlled vocabulary）」）といい、後者の考えで付与される索引語を、「統制語（controlled vocabulary）」という。また、個々の索引語のことを「キーワード（keyword）」といい、そのうち統制語が使用されているものを、特に「ディスクリプタ（descriptor）」ともいう。

自然語として採用される索引語は、資料中に出現する語である[1]ことが多いが、それ以外のものが採られることもある。例えば、"インターネットの社会における影響の分析"というタイトルの資料がここにあり、それに対して索引語を付与する場合を考えよう。その資料の本文中に、仮に「高度情報化社会」という語が一度も出現しないとしても、検索の便宜を考慮して、この「高度情報化社会」という索引語を付与することなどが、このケースに当たる。一方、統制語を索引語とする場合は、事前に、概念に対応するキーワードのリストや一覧、つまり統制語彙表を作成して、この中からもっとも適切に主題を表現するものを選択する。

以下、統制語彙表の例として「シソーラス」を簡単に紹介する。

統制語キーワード（ディスクリプタ）が、概念の表現として確定している場合に、統制語キーワードを用いて概念の体系を示したものを、「シソーラス」という。ある概念の表現としてもっぱら使用されるキーワードを「優先語（preferred term）」と称し（これがディスクリプタとなる）、同一概念に対する優先語以外の表現によるキーワードを「非優先語（non-preferred term / forbidden term）」と称する。同一概念を表すキーワード間の関係を、「同義関係」という。

また、ある概念に対応するキーワードがシソーラス中に存在する時、それより広い概念に対応するキーワードを「上位語（Broader Term：BT）」といい、逆にそれより、狭い概念に対応するキーワードを「下位語（Narrower Term：NT）」という。上位語から下位語への連鎖の関係を、「階層関係」という。階層関係のいちばん上に立つ語を、特に「最上位語（Top Term：TT）」と呼ぶ。

---

1) つまり、抽出索引法を採用するということである。

さらに，ある概念に対して同義関係や階層関係にはないが，関連が深い概念に対応するキーワードを，「関連語（Related Term: RT）」という。関連語間の関係を，「関連関係」という。

このように，概念間の関係をあらかじめ表示しておくことによって，より適切な索引作業が可能になるし，検索する際にも，ある概念がどのように表現されて索引されているかを「予見」することが可能となり，検索効率の向上が期待できるのである[1]。

一方，自然語を利用するものの例としては，例えば，検索エンジンをあげることができる。これは，今まで述べてきた主題組織のプロセスとは異なり，資料（この場合はホームページ）中の語の位置関係や出現頻度などを，コンピュータによって数値的に処理して主題組織を行っているものと見られる。つまり，自然語のうち資料中に出現した語による抽出索引法を，極限まで推し進めたものであると考えることができる。

さらに，近年出現し利用されている「全文検索システム」や「テキストマイニング」[2]などの手法も，検索エンジンと同様，高度化され強力になったコンピュータの能力を活用して，主題組織のプロセスを，機械の力で代行しようとするものであるということができる。

5．事前結合索引法・事後結合索引法とファセット分析

本の巻末索引のように，索引語を語順などで並べて求める資料を検索できるようにする索引法を，「事前結合索引法（もしくは事前組み合わせ索引法）(pre-coordinate indexing)」と呼び，検索エンジンのように，並べることを意識せず，索引語（検索語）[3]を入力して検索できるようにする索引法を，「事後結合索引法（もしくは事後組み合わせ索引法）(post-coordinate indexing)」と呼ぶ。

---

1) Fugmann, Robert, 情報・インデクシング研究会訳. 情報・データベース構築の基礎理論. 情報科学技術協会, 1994, p. 98-106.
2) コンピュータによってテキストデータを分析して，何らかの知見や発想を得るための手法。
3) 検索する時に使用（入力）される索引語は検索語と呼ばれる。

ところで，一つの資料の主題は，ある単一の概念のみを表現しているのではなく，4－2図のように，いくつかの概念を含んでいることが多い。

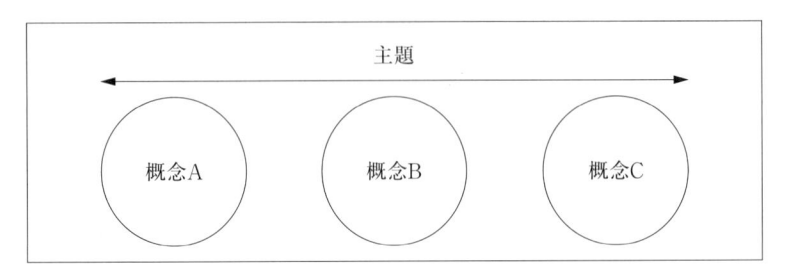

4－2図　資料の主題とそこで表現されている概念

図のように，主題分析の結果，当該資料の主題に三つの概念，「概念A」「概念B」「概念C」が含まれていることがわかったとする。その結果，それぞれに対してキーワードを与えることになるが，ここで，「概念A」「概念B」「概念C」に対して与えられるキーワードを，それぞれ，「a」「b」「c」とする。例えば，「生徒の教師に対する態度について」という主題の場合[1]「概念A」「概念B」「概念C」は，それぞれ「生徒」「教師」「態度」と考えることができ，自然語による抽出索引法の場合，これらがそのままキーワードとなる。

このような場合，事前結合索引法では，索引語を並べるのであるから，これらのキーワードをどのような順で結合するのかという問題が生じる。つまり，上例の場合，「生徒―教師―態度」の順で結合して並べるのか，「教師―生徒―態度」の順で結合して並べるのか，その他の順で結合して並べるのかという問題が生じる。前者の例では，一連の生徒に関する資料の索引語のあたりに，この資料の索引語が並ぶことになる。つまり，この資料は，基本的に生徒に関する資料とみなされることになる。後者の例では，一連の教師に関する資料の索引語のあたりに，この資料の索引語が並ぶことになる。つまり，この資料は，基本的に教師に関する資料とみなされることになる。したがって，事前結合索引法では，どのような順で，キーワードを結合するかが重要な問題となる。

一方，事後結合索引法では，各キーワードは結合されずに，相互に独立して

---

1)　この例は，次の文献による。ミルズ，ジャックほか著，田窪直規監訳．資料分類法の基礎理論．日外アソシエーツ，1997，p. 59-60．

記述される。すなわち上例の場合,「生徒 教師 態度」という索引語が与えられる。一方,検索を行う時に,上例の場合,これらのキーワードが「生徒 and 教師 and 態度」というように,「and」で結合され,システムに入力される。ここで「and」は「かつ」という意味を表している。したがって,「生徒 and 教師 and 態度」は,「生徒というキーワードを索引語に含み,かつ,教師というキーワードを索引語に含み,かつ,態度というキーワードを索引語に含む資料を探せ」という意味になる。検索エンジンでは,「生徒 教師 態度」というように入力すると,通常,自動的にこれらの語が「and」でつながっているものと解釈される。

　「事後結合索引法」では「and」のほか,「or」や「not」でもキーワードが結合される。「or」は「または」ということを表しており,「A or B」だと,「Aというキーワードを索引語に語を含むか,または,Bというキーワードを索引語に含む資料を探せ」の意味になる。「not」は,これの次のキーワードを否定するということ(これの次のキーワードを含まないということ)を表しており,「A not B」だと,「Aというキーワードを索引語に含み,かつ,Bというキーワードを索引語に含まない資料を探せ」という意味になる。通常,検索エンジンにも「and 検索」のみならず,「or 検索」や「not 検索」ができるようなオプションが準備されている。

　検索エンジンになれた読者には,事後結合索引法の方が便利に思えるかもしれない。しかしこの方法では,余分な資料まで検索されることが多い(検索エンジン利用者の多くはこれに悩まされることになる)。例えば,上記の「生徒の教師に対する態度について」という主題の資料を検索するのに,「生徒 and 教師 and 態度」と入力すれば,これは,「索引にこの三つのキーワードが含まれている資料を探せ」ということしか意味しておらず,「教師の生徒に対する態度について」という主題の資料も検索対象となる。このため,余分な資料も検索されるのである。

　一方,事前結合索引法では,このようなことは起こらない。なぜなら,「生徒の教師に対する態度について」という主題と「教師の生徒に対する態度について」という主題では,キーワードの結合順序が異なるからである。

　事前結合索引法と事後結合索引法の「事後」と「事前」は,検索要求が生じ

4-1表　「教育」分野のファセット

ファセット名	ファセットの属性	ファセットに含まれる単一概念の例
被教育者	教育を受ける者	児童，生徒，学生，院生
教育者	教育を行う者	教授，助教授，講師，教諭
教科目	教育する内容	国語，英語，数学，物理学，哲学
教授法	教育するための方法	対面授業，演習，グループ学習
教育機材	教育するための道具	教科書，AV機器，コンピュータ

る「事前」と「事後」を意味している。すなわち，検索要求が生じる事前にキーワードを結合しておくものを，事前結合索引法と呼んでおり，検索要求が生じた事後に「and」や「or」や「not」を使用してキーワードを結合するものを，事後結合索引法と呼んでいるのである。

　事前結合索引法と事後結合索引法には，事前と事後の違いはあれども，この両者は，概念（もしくはキーワード）を結合する（組み合わせる）という意味では同じである。したがって，結合という観点から適切な概念をうまく付与できるかどうかが，両者による索引が有効となるための鍵の一つとなる。

　主題索引法の世界では，概念の組み合わせを確実なものとするために，「ファセット（facet）」という考え方を導入してきた。ファセットとは，一般に事物や現象を分析するための観点によって分類された単一概念の集合のことである。もともとこの言葉は多面体のそれぞれの面を意味する語に由来する。多面体ということからわかるように，ファセットは，通常複数設定される。

　"教育"という領域を例として取り上げてみると，4-1表のようなファセットが考えられる。

　このように，ファセットという考え方に基づいてある特定の主題領域を分析して（このような分析を「ファセット分析」という），それが，どのようなファセットによって構成されるかを決定することにより，各ファセットから，組み合わせるのに適切な概念を選ぶことができるのである。

6. 主題索引（検索システム）の評価

　検索目的がどの程度の有効性をもって達成されたかの度合いを，「検索パフォーマンス」という。つまりこれは，検索における成果・成績・効率を表すものである。情報検索システムの検索パフォーマンスを評価する場合，評価指標として以下のようなものが考えられる。

① 　再現性と適合性（Recall and Precision）
② 　応答時間（Response Time）
③ 　費用（Cost）

　このうち，応答時間や費用は，情報検索システムのソフトウェア，データ構造，ハードウェアのレベルなどによって決定される。

　これに対して，再現性と適合性は，特定のデータベースについて，特定のシステムのもとで検索を行った場合に，どの程度満足すべき情報出力が得られたかを示すものであり，検索自体のパフォーマンスを表現していると考えることができる。

　再現性と適合性は，それぞれ，「再現率」と「精度」によって，表示される。再現率と精度は，以下のように定義される。

　図の四角形ABCDが，検索対象となるデータベース，もしくは資料集合（以下，「情報源」と記す）だとする。

　この情報源を，ある検索テーマのもとに，実際に検索して得た情報出力を，四角形EBGJとする。

　この情報源に存在するこの検索テーマに合致する資料（これを「適合資料」という）の集合を，四角形ABFHとする。

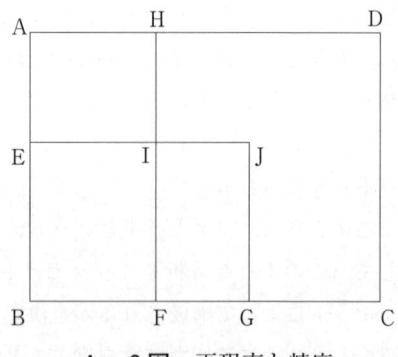

4－3図　再現率と精度

　この結果，四角形EBFIは，検索して得た適合資料となる。

　この時，検索して得た資料全体に対する検索して得た適合資料の割合，つま

り,「四角形EBFI／四角形EBGJ」を,精度という。四角形IFGJ（適合資料でない部分）を「ノイズ」という。

また,検索して得た適合資料が,潜在的に存在する適合資料のどれくらいの割合を取り出し得たかの指標,つまり「四角形EBFI／四角形ABFH」を再現率という。四角形AEIHを「モレ」という。

高再現率（つまり,モレが少ない）と高精度（つまり,ノイズが少ない）が両立できればよいが,これらの2指標は,逆方向に動くといわれている。

ところで,何が,こうした数値に影響を与えるのであろうか。それは,索引語の選び方である。すなわち,統制語の場合,資料を見て付与する件名や分類などの索引語がうまく主題を表すものになっているかが,重要なポイントとなるということである。このことからも,私たちは,主題組織法の重要性を認識することができる。

7．索引の基本構造とインバーテッド・ファイル

ここで「索引」というものが,どのように構成されているのか考えてみよう。索引は,検索を効率的に行うために必須の仕掛けであり,主題組織法は,効果的な索引を作るための方法もしくは技法であるということもできる。

私たちにとって,最も馴染みの深い索引は,ある一冊の図書の巻末に置かれた索引である。それは,以下のような構造をもっている。

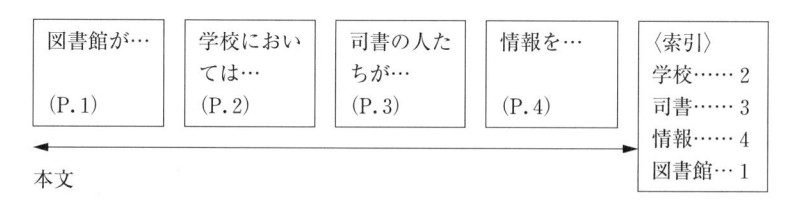

図書館が…	学校においては…	司書の人たちが…	情報を…	〈索引〉
(P.1)	(P.2)	(P.3)	(P.4)	学校……2
				司書……3
				情報……4
				図書館…1

本文 ←―――――――――――――――→

4-4図　図書の巻末索引

このように,索引ページには,ものごとを表す語が五十音順に並んでいて,探したい語,例えば「司書」を索引上で発見すれば,その語が本文の3頁に載っていることが即座にわかる。

ここで見たように,索引というものは,「アクセス・ポイント（索引語）」

「本文上の位置」「本文の内容」を結び付けて，効率的な検索が行えるように編成されるものといえる。この考え方が，コンピュータによる情報検索（データベース検索）においても援用されている。次にそれを説明する。

いま，ここに5件の情報（レコードという）で構成しているデータベースがあるとする。そして，各レコードには，その一つひとつに対して内容を表すキーワードが複数個付けられているものとする（4－5図）。

第1レコード	第2レコード	第3レコード	第4レコード	第5レコード
自動車 エンジン	自動車 タイヤ	航空機 輸送	航空機 エンジン	自動車 輸送

4－5図　データベースのレコード

このデータベースで「自動車」についてのレコードを検索しようとした場合，どのようにすればよいであろうか。もっとも単純なやり方は，データベース中のレコードを最初の第1レコードから，順に見てゆくことである。こうすると，第1，第2，第5の三つのレコードがこの検索要求に該当することがわかる。しかし，この方法では，レコードの量が多くなればなるほど検索に時間を要する。OPACの場合，収録レコード数が数十万から数百万に及ぶものがあるので，この方法では，いかに能力の高いコンピュータをもってしても能率が悪い。さらに，「航空機 and エンジン」などのように，二つ以上のキーワードを組み合わせて検索する場合にも不便がある。

そこで，図書の巻末索引と同じようなものをデータベースについても作成する。これを，「インバーテッド・ファイル（あるいは転置ファイル）（inverted file）」という。4－2表はその単純化した例である。

この表において，キーワードは，巻末索引と同じように五十音順に並んでいて，ページの代わりにそのキーワードを含むレコードの番号が隣の列に表示されている。これを見ると，「自動車」についてのレコードが，1，2，

4－2表　インバーテッド・ファイル

キーワード	レコード番号
エンジン	1，4
航空機	3，4
自動車	1，2，5
タイヤ	2
輸送	3，5

5であることが即座にわかる。さらに,「航空機 and エンジン」のような検索も,「航空機」と「エンジン」のそれぞれ隣の列の番号のうち共通するものを探して,第4レコードが目指すものであることがすぐにわかる。さらに,インバーテッド・ファイルの中のレコード番号と各レコードを関連づけておけば,検索する人は,即座に求めるレコードの内容を表示できる。

　このインバーテッド・ファイルによる検索には,いま見た例からもわかるように,データベース中のレコードの数が増えても,それほど検索スピードが落ちないという長所がある。インバーテッド・ファイルは,まさにデータベースの索引であり,このような索引の構造が,膨大な量の資料や情報を効率的に検索することに大きく寄与しているのである。

第5章　分　類　法

1．分類の基本原理

　ここでは，分類とは何かということを考え，分類の原理に関する基本的理解を深めたい．

（1）分類とは

　地球上の生物は，いずれもある形式の分類能力をもっているという．その代表的なものは，他の生物から同種の生物を識別同定し，さらにその中から異性を識別同定するという，種の保存にとって必要不可欠な分類能力である．これは遺伝的，本能的な分類能力である．
　人類は，さらに論理的な思考で分類する能力をも身に着けてきた．こうした面での分類としては，古代ギリシア哲学におけるプラトンの二分割法やアリストテレスの論理的分類法などが思い起こされる．
　しかし，実際の生活上における行為としての分類はそれよりもっと以前から，多分，人類史が始まって以来存在してきたと考えられる．そして現在でも，日頃意識はしていないかもしれないが，日常生活の中で私たちは分類をしたり，分類を利用して何かを探したりといった行為を頻繁に行っている．例えば，デパートの生鮮食料品売り場などに行くと，肉や魚や野菜を一緒にして売っているところはない．肉は肉，魚は魚，野菜は野菜のコーナーを設けている．さらに肉でも，牛，豚，鶏などを別々に並べてある．つまり，分類して，それぞれをまとめて置いているのである．
　一方，私たちはその分類を利用して，豚肉が必要な場合には，豚肉のコーナーに行くことで効率的にそれを手に入れることができる．個人の場合でも同様である．私たちは家の中のさまざまなものを必要に応じて分類，整理している．例えば，衣類をそれぞれの季節ごと，あるいは用途ごとに分類して収納し

たりなど，例をあげればきりがないだろう。
　このように，分類とは何か特別で崇高な原理に基づいたものではなく，ごく身近なものなのである。

（2）分類の原理

　「分類」とは，似たものに「分ける」ことであり，似たものを「集める」こと，「まとめる」ことでもある。こう表現すると，まったく逆の二つのことを同時に述べていると感じる人もいるだろう。しかし，あるものを似たものに分ければそこに似たものの集まりが生じ，また似たものを集めるとそれは他と区別することになる。つまり，「分けること」と「集めること」は一つの行為の表と裏を見ているだけのことなのである。
　上記のことからわかるように，分類とは，ある事物またはそれに関する知識を一定の原則に基づき区分しながら，類似の度合いにより同類のものをまとめることといえる。
　なお，以下では，説明の便宜上，「区分」（「分けること」）のイメージで「分類」について記すことにする。

（3）区分の3要素

　区分を行う際の一定の原則・基準を「区分原理（区分特性）」といい，区分される対象を「被区分体（類概念）」，区分されたものを「区分肢（種概念）」という。そして，この三つを「分類の3要素」という。例えば，ジュース（飲料）という被区分体（類概念）に材料という区分原理を適用すれば，オレンジジュース，アップルジュース，グレープ・フルーツジュース，トマトジュース，人参ジュースなどの区分肢（種概念）が得られる。

（4）区分の原則

区分を行う際には，以下の三つの原則を守ることが重要である。
　1）区分原理の一貫性　「区分原理」が一貫していないと，区分肢は「相互排他的」にならず，以下の例のような「交差分類」が起こってしまう。例えば，料理を区分する時に，ある国や地域で発達した料理の「様式」と「材料」

の二つの区分原理を同時に用いると，中華料理，西洋料理，日本料理……，海鮮料理，野菜料理，肉料理……といった区分肢が生じる。この場合，海鮮中華料理は，海鮮料理と中華料理の両方の区分肢に属し，どちらに分類してよいか迷うことになる。このように，どちらに分類してよいかわからないことが起こる分類を「交差分類」と呼び，交差分類が起こらない区分肢どうしは「相互排他的」とされる。

2）**区分の網羅性**　区分肢の総和は，「被区分体」と等しくなくてはならない。つまり，いかなる区分肢の省略もしてはならない。そうでないと，分類できない場合が生じる。例えば，人間を血液型で分けて，O型の人間，A型の人間，B型の人間という区分肢を設けたとしよう。この場合，AB型の人間はどの区分肢にも属することもできず，分類不能となる。

だが現実には，前述のジュースの例を考えても，ありとあらゆる果物や野菜などがジュースになる可能性があるわけなので，すべての区分肢を網羅するのは無理だろう。したがって，一般的には「その他」という区分肢を設けることでこの原則をクリアすることが多い。

3）**区分の漸進性**　区分は順を追って行うことが大切で，必要な区分原理を省略して，「区分」を飛躍させてはならない。なぜならば，飛ばしてしまった区分原理が原因で，示すことができる関連性が見えなくなってしまうからである。例えば，動物を区分する際に，「脊椎の有無」という区分原理を飛ばして，いきなり魚類，爬虫類，鳥類，昆虫などと区分すると，これらのうち，魚類，爬虫類，鳥類が同じ脊椎動物であるという重要な関連性を示すことができなくなってしまう（さらに述べれば，脊椎動物や無脊椎動物という概念を分類できなくなってしまう）。

2．図書館分類法とは：その意義，役割および機能

ここでは，図書館において主題検索を担うことになる「図書館分類法（資料分類法）」（以下，「分類法」と記す）の意義，役割，機能について理解を深めたい。

（1） 分類法の意義

　図書館利用者の資料検索のパターンには，主題をキーとしたものが多いことが知られている。こうした利用者の検索要求に応えるためには，図書館が主題検索の手段を用意することが求められる。そして，主題検索を行うためには，主題を組織し検索できるようにする仕組みが必要不可欠である。このための必須のツールの一つとして，図書館は分類表を用意してきた。

　分類法とは，資料を主に主題に従って体系的に排列し，主題間の関連性を明示，あるいは知識全体を体系化し，主題検索を容易にするものであり，図書館では何らかの分類法に基づく分類表が図書館必須のツールとして使用されている。

（2） 分類法の役割

　分類法の役割は，資料の主題内容等に基づき，資料を利用者にとり最も有用な箇所に配置することである。これは，物理的な書架上への配置のみを指すのではなく，知識の「宇宙空間」上への配置をも意味している。つまり，分類法の役割は，ある資料のもつ主題内容が，分類表に体系的に表示・並べられた知識の連なり（序列）のどこにあてはまるかを示すことである。

（3） 分類法に求められる機能

分類法に求められる基本的機能は，次の2点に集約できるだろう。
(1) いかに複雑な主題であっても，それがクラスの序列（分類表として示された知識の連鎖）のどこに存在しているかが，常に正確にわかること。
(2) 最も密接に関連する主題を隣に並べておくことによって，ある主題の排列位置に行った時に，その前後に関連資料が見つけられるようにすること。

3．分類法の種類

　分類法には，さまざまなものがある。ここでは，以下の七つの角度から見た

分類法の種類およびその特徴を概観する。

（1） 書誌分類法と書架分類法（機能から見た種類）

　近代以前の図書館では，分類法は主題目録において資料を排列するために用いられたものであった。この分類法のことを「書誌分類法」という。主題はその名辞（語）で表され，主題目録中では，資料が主題を表す名辞ごとにグルーピングされていた。主題を表す名辞では，主題の体系的順序を示すことはできないので，資料自体は大きさや受入順などにより書架に並べられていた。この方法だと，分類と実際の資料の排列とは直接的な関係がなく，一度排架した資料の位置は，その後も変わることがなかった。この排架法を「固定排架法」という。

　ところが，公共図書館が発達し，資料の利用という機能が重要性を増すことになった19世紀後半から，利用者が直接書架に並ぶ資料を手に取り，類似主題の資料を比較検討しながら求める主題に最適な資料を選ぶ方法が必要とされるようになってきた。つまり目録上の分類法だけではなく，資料そのものを主題により体系的に書架に並べ，主題の類似する資料群の中から求める資料を探すことができる方法も求められるようになったのである。この「書架に資料を体系的に分類排架するための分類法」のことを「書架分類法」という。これによって資料を排架すれば，排架位置は，相対的に変化・移動することになるので，この排架法を「移動排架法」という。

　新しい資料を分類排架するためには，書架にあらかじめ空きスペースを用意しておく必要があり，書架を経済的に使用できなくなるが，資料利用という面からは，主題順排架という書架分類法の利点は大きく，今日では多くの図書館で採用されている。

　一方，書架分類法の出現により，以前より使用されてきた書誌分類法の役割が必要なくなったわけではない。これは主題検索を行うための手段として，今日でも必要不可欠なものとなっている。

　書架分類法では，見やすさなどを考慮し，分類記号はできるだけ単純で短いものであることが優先される。したがって，これによる分類では粗いものとなり，粗い検索しか期待できない。詳細・正確な主題検索を可能にするために

は，資料の主題内容を適切に表現できる書誌分類法が必要である。詳細で長い分類記号を許容する書誌分類法の役割は，主題検索の場面においてますます重要性を増している。

さらに，資料は物理的に，書架上の１か所にしか配置できない。したがって書架分類法では，複数の主題を取り扱った資料の場合，その内の一つが採用され，ほかは無視されることになる。その結果，無視された主題からの検索は不可能となる。これを補うため，それぞれの主題に応じた分類記号を必要なだけ付与することができ，さまざまな角度からの検索に対応できる書誌分類法（による分類目録）が必要となる。

近代以降の図書館では，書架分類法と書誌分類法の両方に使用することができる分類法（近代分類法）を採用し，両方の利点を生かすのが一般的となっている。

（２）　列挙型分類法と分析合成型分類法（構造から見た種類）

書架上の排架位置を決めるための書架分類法として大いに使用されてきたのが，「列挙型分類法」である。「分析合成型分類法」という新方式の分類法が考案される以前は，分類法といえば，すべて列挙型分類法であった。これに基づく主な分類表としては，「デューイ十進分類法（DDC）」「米国議会図書館分類表（LCC）」「日本十進分類法（NDC）」「国立国会図書館分類表（NDLC）」などをあげることができる。

列挙型分類法とは，主題を表す分類項目をあらかじめ分類表中に用意（列挙）しておき，用意されたものの中から資料の主題に対応する分類項目を選び，そこに分類することを基本とする分類法である。マンションなどの集合住宅の入口などにまとめて設置されている郵便ボックスに郵便物を仕分けするようなやり方である。郵便ボックスの場合には，全戸分のボックスが漏れなく用意されており，それぞれが明確に区別できるので，割り振りに困ることはない。

しかし，資料の主題の場合には，そうはうまく行かない。その主題に完全に一致するボックスが見当たらないとか，２か所以上に当てはまるものがあったりする。だが，こうした場合でも，用意されているボックスのどれかに割り振

ってしまうのが列挙型分類法のやり方である。

例えば,「短期大学図書館におけるレファレンス・サービス」という主題を考えよう。これは,「短期大学図書館」と「レファレンス・サービス」という主題を表す複数の構成要素が組み合わさった主題(「複合主題」という)である。列挙型分類法では,こうした主題に,十分に対応できないことが多い。列挙型分類法では,図書館という主題分野の下には,図書館の種類に対応する分類項目(「短期大学図書館」「公共図書館」「専門図書館」など)や図書館の業務に対応する分類項目(「レファレンス・サービス」「選書作業」「整理業務」など)が,それぞれ用意されているはずである。しかし,この両方を組み合わせた「短期大学図書館―レファレンス・サービス」という分類項目は,用意されていない場合が多い。なぜならば,図書館の各種類と各業務のすべての組み合わせをあらかじめ用意しておくことは,現実問題として不可能に近いからである。したがって,用意されているどちらかの分類項目を選び,そこに分類することになる。

実際に,列挙型分類法によるものであり,日本の標準的な分類表でもある「日本十進分類法(NDC)」を用いた場合を例に確認してみたい。図書館という分野の分類項目は,5-1表のようになっている。

5-1表　NDCにおける図書館に関する分類項目(抜粋)

010	図書館.図書館学
………………………………………	
015	図書館奉仕.図書館活動
	*ここには,一般および公共図書館に関するものを収める
015.2	レファレンス・サービス
………………………………………	
017	学校図書館
017.6	短期大学図書館

分類表には,レファレンス・サービス(015.2)と短期大学図書館(017.6)が用意されているが,これらの組み合わせは分類項目として用意されていない。したがって,この二つの分類項目のどちらかを選ぶことになる。015の下の注記により,図書館の種類を特定しない場合と公共図書館のレファレンス・

サービスは015.2に分類することになるが，それ以外の，例えば今回のケースである，短期大学図書館の場合には017.6を選択することになる。

さらに，列挙型分類法は，分類法の理論的な研究が進展する以前からの分類法であることから，分類項目の用意が恣意的であったり，区分原理の一貫性が欠如していたり，主題の構成要素間の優先順序が不明確であるなどの問題点も指摘されている。こうした問題点の解決は，書架分類法としての機能向上を目指すためにも重要である。

ところで，列挙型分類法といえども，すべてを列挙したのでは分類項目が膨大になってしまう。そこで，この型の分類表では，どの分類項目にも必要となるような叙述や出版・編集の形式を表す記号や地理記号などを「補助表」として別に用意し，必要な場合にそれを合成できるようにしている。例えば，「日本十進分類法（NDC）」の場合，六つの補助表が別途用意されている[1]。

20世紀になると，複数の主題要素が組み合わさった複合主題の資料が多くなり，従来の列挙型分類法ではそれらをうまく分類できなくなってきた。なぜならば，こうした主題の分類項目をあらかじめ用意（列挙）しておくことは難しく，また，補助表による合成程度では間に合わないことが多くなってきたからである。そこで，複合主題にも容易に対応できる新しい原理に基づいた，「分析合成型分類法」が考案された。この分類法による最初の分類表が，ランガナータンの「コロン分類法（CC）」である。

分析合成型分類法の方法は，できるだけすべての分類項目を列挙し，資料の主題を分類項目にそのまま対応付けしようとする列挙型分類法の方法とは根本的に異なる。まず，各知識分野の下でそれぞれの分野の特性に応じた基本概念を分析・抽出し，それを基本的な分類項目として分類表に用意しておき，資料の主題分析の結果に応じて，主題の構成要素と分類項目を対応付ける。次に，それらの分類項目の分類記号を連結記号により合成して主題を表現するというのが，分析合成型分類法の基本的な方法である。各分類項目は，個々の知識分野であらかじめ決められた組み合わせの順序式（「ファセット式」という）に従って合成される。

---

1) この補助表については本章5節(5)参照。

また，分析合成型分類法は，「ファセット分類法」とも呼ばれている。「ファセット」とは，単一の区分原理で区分された際に生じる区分肢（「サブ・ファセット」という）の集合（総体）を指す言葉である。例えば，「人間」を「性別」という区分原理で区分すると，「男」と「女」という区分肢ができるが，この男と女がファセット（「性別ファセット」）を形成する。また，人間を「肌の色」という区分原理で区分すると，「黒色人種」「黄色人種」「白色人種」という区分肢ができるが，これらの区分肢がファセット（「肌の色ファセット」）を形成する。このように，通常，一つの分類対象（被区分体）に対して，「ファセット」は複数設定される[1]。

　ランガナータンは，全主題分野に共通するファセットとして，「P (Personality), M (Matter), E (Energy), S (Space), T (Time)」という「五つの基本カテゴリー」を設定した。Pはその主題分野において最も本質的で重要なファセット，Mは原料，材料や素材など，Eは問題や活動，Sは場所，Tは時間を表すファセットである。そして，「PMEST」の並び自体が，合成の優先順序を示している。この順序で合成すると，一般的に合理的な分類が行われるというわけである。それぞれの結合記号（コンマ，セミコロン，コロン，ドット，逆コンマ）を含めた合成の順序式（ファセット式）は以下となる。

　　　, P ; M : E. S 'T

　例えば，図書館という分野のファセットは，以下のようになっており，例としてあげたようなサブ・ファセットに対応する分類記号が分類表に用意されている。

　　P：図書館の種類ファセット（例：国立，公立，学校，大学，専門，子供，老人，女性，視覚障害者図書館，…）
　　M：資料ファセット（例：図書，雑誌，新聞，地図，楽譜，写真，…）
　　E：業務・活動ファセット（例：選書，整理，貸出，参考業務，保存，…）
　　S：空間ファセット（例：日本，アジア，アメリカ，英国，アフリカ，…）
　　T：時間ファセット（例：古代，中世，近代，1800年代，1990年代，…）

1）　なお，ファセットについては4章5節をも参照されたい。

3．分類法の種類

例えば、「1960年代の日本の大学図書館における雑誌の分類法について」という資料を「コロン分類法第6版」により分類してみる。

まず、主題分野を決定する。

2（主類表に用意された図書館学を表す基本「ファセット」の記号）

次に、PMESTに相当する主題要素を分析し、それに該当する記号を表より抽出する。

　　34（P：大学図書館を表す記号）
　　46（M：雑誌を表す記号）
　　51（E：分類を表す記号）
　　42（S：日本を表す記号）
　　N6（T：1960年代を表す記号）

最後に、これらの構成要素の記号をファセット式に基づいて合成する。

その結果は2，34；46：51.42'N6となるが、基本ファセットにPersonalityファセットが直接続く場合には、コンマを省略できることになっているので、最終的な分類記号は234；46：51.42'N6となる。

一方、これと同じ主題を列挙型分類法による分類表である「日本十進分類法（NDC）」で分類するとどうなるか、比較してみたい。これらの構成要素を表すためにあらかじめ用意された分類項目は、以下の二つである。

　　017.71　大学図書館―日本
　　014.48　特殊資料の分類法（この分類項目では、図書以外の資料の分類法というレベルまでしか特定することはできないが、少なくとも雑誌は特殊資料の中の1種類である。）

したがって、この二つのどちらかを選ぶしか方法がないのである。このケースでは、014の下に「＊館種の別なく、ここに収める」という注記があるので、014.48を選ぶことになる。

以上の比較から、分析合成型分類法が、列挙型分類法に比べて詳細で正確な主題表現が可能な分類法であることがわかるだろう。しかし、分析合成型分類法といえども、問題がないわけではない。例えば、①各主題分野にどのようなファセットを設定するか、②記号を合成する（組み合わせる）場合の優先順序をどう決定するかなどの問題は、完全には解決されていない。そのため、ラン

ガナータン以後も新たな理論的研究が続けられている。

例えば,「PMEST」については,イギリスの「分類法研究グループ (Classification Research Group: CRG)」が,それをさらに発展させた「標準引用順序 (standard citation order)」[1]を提起している。さらに,そうした最新の理論に基づいた,新たな分析合成型分類法による分類表として,ブリスの「書誌分類法 第2版 (BC 2)」や「Broad System of Ordering (BSO)」が出現している。

現在では,各主題分野の構造をしっかりと分析し,一貫した論理構成により知識の体系化を行うという分析合成型分類法の理論は,列挙型分類法をも含んだ,分類法一般を説明するのにも有効であるとみなされるようになっている。

(3) 一館分類法と標準分類法（使用する図書館の範囲から見た種類）

自館だけで使用するための分類法のことを「一館分類法」という。これによる分類表の代表例が,「国立国会図書館分類表 (NDLC)」であり,これは国立国会図書館での使用のために作成されたものである。一方,さまざまな図書館で広く共通に使用される汎用の分類法のことを「標準分類法」という。これによる分類表の代表例は「日本十進分類法 (NDC)」であり,これは日本のほとんどの公共図書館,学校図書館,大半の大学図書館で使用されている。

(4) 一般分類法と専門分類法（対象主題領域から見た種類）

すべての主題分野を包括し,どんな分野の主題に対しても対応可能な分類法を「一般分類法」という。一方,音楽とか医学などといった特定の主題分野や,絵本とか映像フィルムなどといった特定の資料群のみを対象とする分類法を「専門分類法」という。

(5) 純粋記号法と混合記号法（記号法から見た種類1）

近代以降の分類法は,主題を記号で表現する。主題を記号化することで,主題の順序を明確に示せるようになるからである。この記号として,通常は順序

---

1) ここでは,"citation order"を「引用順序」と訳しているが,これは「列挙順序」と訳されることも多い。

性の明確な数字か文字，あるいはその両方を用いることになるが，1種類の記号のみを用いる記号法を「純粋記号法」といい，2種類以上の記号を用いる記号法を「混合記号法」という。純粋記号法による分類表としては，数字のみを使用する，「デューイ十進分類法（DDC）」「日本十進分類法（NDC）」があげられる。

（6）　十進分類法と非十進分類法（記号法から見た種類2）

　十区分を基本とする分類法（したがって記号法に十進数字を用ることになる）を「十進分類法」といい，十区分を基本としない分類法（したがって，記号法に十進数字以外の文字や記号を（も）用いることになる）を「非十進分類法」という。
　十進分類法は，主題の階層構造（類種の関係）を数字の桁数で表現できるので，記号の体系と分類の体系が一致しており（このことを「階層表現力」があるという），分類の構造が把握しやすい。また，十進数字は万国共通の記号法であり，誰にでもわかりやすく，分類表の見た目が単純明快となる。さらに，新たな区分の挿入に対しても柔軟性をもっているので，きわめて実用的である。しかし，常に9という区分肢[1]の数の制限をうけるため，分類体系よりも記号法が優先されているという問題点が指摘されている。
　一方，非十進分類法は，一般に基数（記号数）の多いアルファベット記号などを用いるので区分肢の数の制約も少なく，簡略な記号で主題を的確に表現できる。ただし，十進という単純明快さは失われる。

（7）　観点分類法（第一区分原理から見た種類）

　分類する際の最初の区分原理が主題分野である分類法を「観点分類法」という。例えば，「牛」という主題を例に考えてみる。この分類法では，動物としての「牛」であれば，動物学の分野の下に分類され，家畜としての「牛」であれば，畜産学の分野の下に分類されることになる。このように，観点分類法の場合，同一主題がそれぞれの主題分野に分散することになるが，現在普及して

---

1)　ただし，1～9に0をプラスして10区分肢とみなすこともある。

いる一般分類法による分類表は，すべて観点分類法によるものである。

観点分類法とは異なり，特定主題を一箇所に集中させる分類法による分類表としてはブラウンの「件名分類法」があるが，現在ではほとんど使用されていない。

4．分類法の歴史

ここでは，分類法に関する歴史的動向の概略を，西洋と日本とに分け，原則として時代を追って紹介する。

（1）西　　　洋

a．古代から近代分類法が出現する以前まで

これまでに発見された最古の図書館といわれるものに，楔形文字が刻まれた粘土板が2万5千点以上も発掘された，アッシュールバニパル王（Ashurbanipal, ca. 668-627B.C.）のニネヴェ宮殿の文庫（紀元前7世紀）がある。そこでは，各粘土板が内容ごとに分類され，壺などに納められていた。

古代世界最大の図書館といわれるアレキサンドリア図書館（資料数50万巻とも70万巻ともいわれる）では，司書のカリマコス（Callimachus, ca. 310-240B.C.）が，紀元前3世紀に，『ピナケス（Pinakes）』という分類目録を編纂したことが伝わっている。この目録は現存していないが，全体を韻文と散文に大きく分類し，次に韻文は文学形式により，散文は主題によって法律，哲学，修辞学，歴史学，医学，雑の6区分に分類したといわれている。

中世に入り，13・14世紀には大学が設立され，学術図書が図書館に集められた。当時の大学では，神学，法学，医学と当時の学問の常識としての文法，修辞学，論理学の3科および算術，幾何学，天文学，音楽の4科からなる，「自由7科（リベラル・アーツ）」が教えられており，大学図書館では以上の10項目による分類が一般的であったようである。

近世でまず取り上げるべきは，1545年のスイスの博物学者ゲスナー（Conrad Gesner, 1516-1565）による『世界書誌（Bibliotheca Universalis）』である。これは，学問全般を21の部門に区分したものであり，ここで採用された分類法

は，学問の分類を書誌に導入した最初の総合的な書誌学的分類法といわれる。

英国の哲学者，ベーコン（Francis Bacon, 1561-1626）は，1605年の『学問の進歩（Advancement of learning）』という著作の中で，学問の分類を行った。彼は，人間の精神能力を記憶，想像，理性に3分し，各々が歴史，詩，哲学を生むとして，各学問分野をその下に体系化した。この分類法は，後のハリスやデューイの分類表に影響を与えた。

フランスの書誌学者，ノーデ（Gabriel Naudé, 1600-1653）は，1627年に彼の著書の中で，神学，医学，書誌学，年代記，地理学，歴史学，軍事技術，法律学，会議法および教会の戒律法，哲学，政治学，文学から構成される図書の分類法を考えた。彼の分類法は，後のブリュネの分類表にも大きな影響を与えた。

フランスの書籍商で書誌学者であるブリュネ（Jacques-Charles Brunet, 1780-1867）は，1810年に，全体を大きく五つの分野（A-神学，E-法学，I-科学・技芸，O-文芸，U-歴史）に分けた後に各分野内を細分するという，階層性をもった分類表を使用して，書誌を作成した。この分類表は「フレンチ・システム」と呼ばれ，当時さまざまな図書館で使用された。

ハリス（William Torrey Harris, 1835-1909）は，1870年に図書を書架上に主題順に並べるために，各主題を記号で表す分類法（「書架分類法」）をはじめて考案した。ハリスの分類法の体系はベーコンの知識の分類に準拠しているが，その順序を逆にして排列していることから，「逆ベーコン式」といわれる。

b. 近代分類法出現以降[1]

「デューイ十進分類法（Dewey Decimal Classification : DDC）」の初版は，デューイ（Melvil Dewey, 1851-1931）により1876年に出版された。DDCの特徴は，記号法として十進法を取り入れたことと，相関索引と呼ばれる索引を付加したことである。これは，記号法と索引という二つの要件を備えた，はじめての近代分類表といわれる。最新版は，2003年刊行の第22版である。なお，1988年よりOCLCがこれの管理を行っており，2000年からはインターネッ

---

[1] 以下で紹介する分類法は，解説の便宜上，必ずしも時代順ではないので注意されたい。

ト版のWebDeweyサービスが提供されている。

DDCは世界で最も流通している分類表であり、アメリカの公共図書館の95%、大学図書館の25%、専門図書館の20%、さらに135か国以上の20万以上の図書館で使用され、30か国以上に翻訳されている。

カッター（Charles Ammi Cutter, 1837-1903）は、DDCの主題排列の順序や区分法には問題があるとして、1891～93年にそれに代わる新たな分類表として「展開分類法（Expansive Classification：EC）」を刊行した。これは、独立した七つの分類表から構成され、第1表から第7表へ行くにしたがって分類表がだんだんと詳細に展開されていくので、「展開分類法（EC）」と名づけられた。

主類（最上位の分類項目）の排列や理論的な面ではすぐれていると評価され、刊行当時のアメリカではかなり使用されていた。これはまた、「米国議会図書館分類表（LCC）」や「日本十進分類法（NDC）」の主類の排列に影響を与えた。しかし、カッターの死後、改訂が継続されなかったため、現在ではほとんど使用されていない。

オトレ（Paul Otlet, 1868-1944）とラ・フォンテーヌ（Henri La Fontaine, 1854-1943）が、世界書誌のための分類表として、DDC第5版を改修拡充して使用することを試みたのが「国際十進分類法（Universal Decimal Classification：UDC）」の始まりである。ところが、雑誌記事などが主な対象だったので、主題が図書よりも複雑なことが多く、本表の詳細さを増すと共に次第に合成的な機能を充実させる方向に改修が進み、結果的に列挙型分類法によるものとはずいぶん異なる分類表となり、これは「準列挙型分類法」による分類表とされている。初版は、1905年であるが、1927～33年に刊行された版がその後のUDCの基礎となり、各国言語別や詳細度別（詳細版、中間版、簡略版）の諸版が刊行されている。

現在は、「UDC国際運営委員会（UDC-Consortium）」が維持管理している。最新の公認版は、2000年の"Master Reference File：MRF"（英語版）である。また、日本語版の最新版は、2002年に刊行された『国際十進分類法（UDC）CD-ROM版』（図書館流通センター）である。

「件名分類法（Subject Classification：SC）」は、1906年にブラウン（James

Duff Brown, 1862-1914) によって作成された。これは, 主要な一般分類法による分類表の中では, 唯一観点分類法を採用しない分類表である。発表された当時はイギリスで広く使用されていたが,「英国全国書誌 (British National Bibliography: BNB)」がDDCを採用したこと, 1939年の第3版以降改訂されていないこともあり, 最近ではほとんど使用されていない。

「コロン分類法 (Colon Classification: CC)」は, インドの図書館学者ランガナータン (Shiyali Ramamrita Ranganathan, 1892-1972) によって考案されたものであり, 1933年にその初版が公刊された。「コロン分類法」という名前は, コロンを用いて記号を合成することから, 名づけられたといわれる。インドの「ドキュメンテーション研究・研修センター (Documentation Research and Training Center: DRTC)」が維持管理している。

CCは, 複雑な主題を正確に表すのに適しているが, その難解さや書架分類に向かないことなどもあって, 現在あまり使用されていない。しかし, この時ファセットという新しい考え方を導入した, 最初の分析合成型分類法による分類表であり, 分類法の理論に新たな方向づけをした画期的な分類表として, 高く評価されている。

「書誌分類法 (Bibliographic Classification: BC)」は, ブリス (Henry Evelyn Bliss, 1870-1955) によって考案されたものである。1940～53年にかけてこれの初版が刊行された。現在は,「ブリス分類法協会 (Bliss Classification Association: BCA)」がこれの維持管理にあたっている。

1977年よりミルズ (Jack Mills, 1918-) らが編纂する第2版が, 分野ごとに分冊の形態で刊行中である。第2版 (BC2) では, ファセット分析を取り入れた全面改訂がなされ, さまざまな観点から取り扱われた学際的な主題を表すための「事象クラス」が設けられるなど, 実用性を兼ね備えた最新の分析合成型の分類表となっている。BCは, イギリスを中心に, 大学図書館や専門図書館で使用されている。

1900年, 当時の米国議会図書館館長パトナム (Herbert Putnam, 1861-1955) は, 新しい独自の分類表 (「米国議会図書館分類表 (Library of Congress Classification: LCC)」) の作成を決定した。1904年に基本的にはカッターの「EC」を土台としたLCCの最終案ができ, それをもとに分野毎に専門家により

順次分類表が作成されていった。

　改訂作業は分野毎に専門家により適宜行われ続けており，索引も各冊毎のみで全体の索引はないなど，専門分類表の集まりの様相を示している。また，分類項目は，「文献的根拠」[1]に基づいて用意され，列挙型分類法による分類表の典型といわれている。

　LCCは一館分類法による分類表であるが，MARC21などに付与されていることもあり，アメリカの大規模な研究・調査図書館や大学図書館などでの普及率が高い。

　「Broad System of Ordering（BSO）」は「世界科学技術情報システム計画（UNISIST）」[2]の下で，世界中の図書館や情報センターの索引言語間の変換言語，あるいはスイッチ機構として開発された。1976年の第1次ドラフトの後，1978年に改訂3版が冊子体として初めて出版された。1991年には，改訂4版（機械可読版）が頒布された。現在，1994年の修正版がロンドン大学のサイト（http://www.ucl.ac.uk/fatks/bso/）より入手可能である。

　BSOは，簡略なシステムであり，個々の文献を分類するための分類法として考案されたものではないが，最新の分析合成型分類法理論に基づく分類表であり，ネットワーク時代に対応した新たな分類表として，注目されている。

（2）日　　本

　日本の分類法に関しては，古代から現行の分類法までを一括して述べる。ただし，日本の標準分類表である「日本十進分類法（NDC）」については，別途，節を設けて詳しく説明することとし，ここでは取り上げない。

　平安時代に『日本国見在書目録』というわが国最古の分類目録（書誌）が作成された。これは漢籍目録であり，当時日本にあった漢籍を易家，尚書家，詩家，礼家など，40項目に分類している。

　鎌倉時代には，『本朝書籍目録』が作成された。これは，わが国最古の国書目録（書誌）で，当時存在したものだけでなく，古書に記載されていた国書

---

1) 実際に収集した資料（文献）に基づいて，索引語や分類項目を採用する時，このような索引語や分類項目は「文献的根拠」に基づくものとされる。
2) これについては，7章2節(4)b参照。

も収録対象とし，神事，帝紀，公事，政要など，20項目に分類している。

　江戸期に入ると，『彰考館目録』が作成され，『群書類従』が編纂された。前者は水戸藩で作成されたものであり，ここで用いられた分類法では，十二支を国書の主題を表す分類記号に用い，八卦を漢籍の主題を表す分類記号に用いていた。後者は国学に関する最大規模の一大叢書である。収録対象は，国初から当時にいたるまでに作成されたもので，書籍を神祇部，帝王部，補任部，系譜部などの25項目に分類している。

　日本最初の近代図書館である「東京書籍館」の分類表が，日本の近代図書館における分類表のはじまりである。明治9 (1876) 年に作成された『東京書籍館書目』では，6部門の分類法が適用された。これには，ブリュネやハリスの分類表，「四庫分類」[1]などの影響が見てとれる。

　明治20 (1887) ～明治21 (1888) 年に刊行された「東京図書館季報」に「八部門分類」という分類表が発表された。これが後の「帝国図書館分類法」となり，戦前まで使用され，日本の分類表に大きな影響を与えることとなった。

　明治42 (1909) 年に山口県立図書館の館長佐野友三郎は，帝国図書館の「八部門分類」を10部門に展開し，これに記号としてDDCにしたがった数字3桁を割り当て100区分表とし，書架分類法に対応可能な分類表を考案した。

　国立国会図書館は，昭和37 (1962) 年に新たな分類表の作成に着手した。そして，昭和42 (1967) 年に全部門の作成を終了し，これを「国立国会図書館分類表 (National Diet Library Classification: NDLC)」として刊行した。昭和62 (1987) 年には，本表と総索引の2冊にまとめられた改訂版が刊行された。

　NDLCは，NDLの機能に合わせて独自に作成された一館分類法によるものなので，他館での使用は大学図書館など数館にとどまっている。

---

1) 中国で作成された漢籍を分類するための分類法。全体を経（儒教経典など），史（歴史・地理の書など），子（諸子百家の書など），集（文芸作品など）の四つの部に分ける。日本にも大きな影響を与え，現在でも漢籍の分類に使用されることが多い。「四部分類」ともいう。

5．日本十進分類法（NDC）

森清（1906-1990）が，昭和3（1928）年に青年図書館員連盟の機関誌「圕研究」に「和漢共用十進分類法案」を発表した。これは，翌年の昭和4（1929）年に間宮商店より『日本十進分類法』（Nippon Decimal Classification：NDC）と改題されて出版された。

戦後，GHQ民間情報教育局特別顧問の資格で来日した，米イリノイ大学図書館長のダウンズ（Robert B. Downs, 1903-1990）は，「ダウンズ報告書」において，国立国会図書館の和漢書用の分類表として，森清により着実に改訂が進められていた「NDC」第5版を改訂して使用することを勧告した。さらに，昭和23（1948）年に「NDC」は，文部省発行の『学校図書館の手引』でも推奨された。

一方，日本図書館協会（JLA）に設置された分類委員会も日本の標準分類表の制定を検討していたが，ダウンズの勧告に従い，和漢書には「NDC」第5版を改訂して使用することを決定し，森清より改訂を継承する形で，改訂作業に入った。そして，昭和25（1950）年に『日本十進分類法 新訂6版』を刊行した。

こうしたことから，NDCは学校図書館や公共図書館，さらには新設大学図書館での採用が増大し，日本の標準分類表として確固たる地位を築くこととなった。昭和56（1981）年のJLAの調査によれば，公共図書館では99％，大学図書館で75％，専門図書館でも66％の図書館で使用されている。

NDCの最新版は，1995年に本表編（解説と細目表），一般補助表・相関索引編の2分冊にて刊行された新訂9版である。以下，NDCの分類表としての特徴について理解を深めたい。

（1）NDCの概要

NDCは，基本的には「デューイ十進分類法（DDC）」にならって構成されているが，次頁の比較表（5-2表）に見るように，知識の分類体系，とりわけ主類の設定とその排列については，NDC初版当時，DDCよりも論理的に優れ

5-2表　NDC，EC，DDCの主類比較
(NDC本表編　解説xiv p. より抜粋)

NDC		EC		DDC	
0	総記	A	総記	0	総記
1	哲学・宗教	B-D	哲学・宗教	1	哲学
2	歴史・地理	E-G	歴史諸科学	2	宗教
3	社会科学	H-K	社会科学	3	社会科学
4	自然科学	L-Q	自然科学	4	言語
5	技術	R-U	技術	5	純粋科学
6	産業	V-W	芸術	6	技術
7	芸術	X	言語	7	芸術
8	言語	Y	文学	8	文学
9	文学	Z	図書学	9	地理・歴史

ているといわれた，カッターの「展開分類法（EC)」に依拠している。

また，「歴史・地理」における日本中心の項目設定や宗教の扱い等に見られるように，日本の事情を随所で考慮・優先した分類表となっている．

ここで，NDCの分類法としての位置づけを明確にするために，本章の3節において紹介した分類法の種類に基づいてNDCの特徴を確認したい。

NDCは，19世紀末の伝統的でアカデミックな知識の体系に準拠した観点分類法，全知識分野を対象とした一般分類法，日本の多くの図書館で使用されている，汎用の標準分類法，分類項目をあらかじめ分類表に用意しておく列挙型分類法であり，アラビア数字のみを使用した純粋記号法を採用し，その展開に，単純・明快で階層表現力があり，記号の伸縮が自由な十進記号法を採用した分類表である。

(2)　区分肢数の調整：十進という制約との関係で

十進記号法は，常に9区分という枠組みに縛られることになる[1]。当然ではあるが，すべての主題が9区分されるとは限らない。これより多い区分が必要な場合も，少ない区分で充分な場合もある。そうした時，NDCでは以下のよ

---

1)　ただし，ゼロをプラスして10区分とみなすこともある。

5－3表　NDCにおける「012図書館建築．図書館設備」の下位分類

012.1	建築計画：基礎調査，位置，敷地
.2	建設材料および構造
.28	改修・改築工事
.29	維持管理．保護．防火．防水
.3	建築設計・製図
.4	書庫．書架
.5	利用者用諸室：閲覧室，児童室，目録室
.6	講堂．集会室．展示室．視聴覚室
.7	事務室．その他管理部門の諸室
.8	図書館設備：衛生設備，機械設備，電気設備
.89	ブックモビル
.9	図書館用品．図書館備品

うな対応策がとられている。

　9を超える場合には，関連性の高いものを同一記号にまとめて，区分の数を減らす，あるいは主要なものを1から8に区分して，最後の9を「その他」とする。逆に9に満たない場合には，NDCは，本来ならば一桁長い番号となる下位区分の主題を上位に昇格させて，短い番号とする傾向が強い。

　こうした処置は，結果として分類体系の階層性を崩してしまうことになるので，分類項目名の表示位置を揃える，あるいは一文字下げることにより階層関係を明示するように努めている。

　上記の点を，「012 図書館建築．図書館設備」のところの下位分類で確認してみよう（5－3表参照）。

　本来は「建築計画（012.1）」や「建築材料（012.2）」，あるいは「建築設計・製図（012.3）」など4桁の数字で表された概念と同格の概念である「改修・改築工事（012.28）」と「維持管理．保護．防火．防水（012.29）」に5桁の下位の概念を表す分類番号を与えている。しかし，実は同格の概念であることを分類項目名の先頭位置を揃えることにより示している。

　また，本来は「建築設計・製図（012.3）」の下位概念である「書庫．書架（012.4）」から「事務室．その他管理部門の諸室（012.7）」に同じ4桁の同格

を表す分類番号を与えているが，実は下位区分であることを字下げにより示している。

あるいは，「フランスパーレン（＜＞）」で囲んだ，「中間見出し」と呼ばれる変則的な分類項目も用意している。これは，同格（同桁数）の概念ではあるが，分類番号に途中から異なる区分原理を適用する場合に，その区分原理が適用される範囲を示すと同時に，その概念の構造を明確にするために使用される。

例えば，「480動物学」の下位を見ると「481一般動物学」「482動物地理．地誌」と続くのだが，483から489では，急に動物の種類が並び，区分原理が明らかに変更される。そこで，「482動物地理．地誌」の次に「＜483／489各種の動物＞」という中間見出しを入れて，483から489の範囲に各種の動物の番号が展開されていることを示し，さらにこの中間見出しの下に，「＜483／486無脊椎動物＞」という中間見出しを入れて，483から486は無脊椎動物の分類項目が続くことを示し，486の項目の次に「＜487／489脊椎動物＞」という中間見出しを入れて，487から489は脊椎動物の分類項目が並ぶことを示している。つまり，これらの中間見出しで動物の種類に関する分類項目が脊椎の有無による区分原理でグルーピングされていることがわかる。

本来ならば，**5－4表**のような構造の番号展開となるはずのところなのだが，できるだけ番号を短くしたいがために，階層構造を崩してしまっているのである。

NDCは，常に9区分を原則とする十進分類法の宿命的な欠点をこうした工夫で補っている。

5－4表　「480　動物学」における"本来の"下位項目（一部）

483	各種の動物
483.1	無脊椎動物
483.11	原生動物
	以下，海綿動物，軟体動物，節足動物，昆虫類などの下位区分が続く。
483.2	脊椎動物
483.21	円口類
	以下，魚類，両生類，爬虫類，鳥類，哺乳類などの下位区分が続く。

(3) 分類表の構造

　NDCの本体は，細目表である。そのほかに分類体系を概観する目的の要約表として，「第1次区分表（類目表）」「第2次区分表（綱目表）」「第3次区分表（要目表）」を用意している。ただし，この三つの表を分類作業に使用してはならない。なぜならば，NDCでは各種の注記などを参照しなければ，正しい分類番号を付与することはできないので，分類作業では各種の注記などが示されている細目表を使用することが基本原則となる。

　NDCは，次のような手順によって構築されている。

　まず，知識の総体を九つの学術・研究領域に分け，それぞれを1～9で表示する。次に，百科事典のような各領域にまたがる総合的・包括的な領域を総記と名づけ，0で表示し，合計10区分（第1次区分）にグルーピングする。こう

5－5表　NDC類目表

第1次区分表（類目表）
0　総　　記　General works 　　　　（図書館，図書，百科事典，一般論文集，逐次刊行物，団体，ジャーナリズム，叢書）
1　哲　　学　Philosophy 　　　　（哲学，心理学，倫理学，宗教）
2　歴　　史　History 　　　　（歴史，伝記，地理）
3　社会科学　Social Sciences 　　　　（政治，法律，経済，統計，社会，教育，風俗習慣，国防）
4　自然科学　Natural Sciences 　　　　（数学，理学，医学）
5　技　　術　Techhology 　　　　（工学，工業，家政学）
6　産　　業　Industry 　　　　（農林水産業，商業，運輸，通信）
7　芸　　術　The arts 　　　　（美術，音楽，演劇，スポーツ，諸芸，娯楽）
8　言　　語　Language
9　文　　学　Literature

5．日本十進分類法（NDC）

5－6表　NDC綱目表

第2次区分表（網目表）

00	総記	50	技術．工学
01	図書館．図書館学	51	建設工学．土木工学
02	図書．書誌学	52	建築学
03	百科事典	53	機械工学．原子力工学
04	一般論文集．一般講演集	54	電気工学．電子工学
05	逐次刊行物	55	海洋工学．船舶工学．兵器
06	団体	56	勤続工学．鉱山工学
07	ジャーナリズム．新聞	57	化学工業
08	叢書．全集．選集	58	製造工業
09[+]	貴重書．郷土資料．その他の特別コレクション	59	家政学・生活科学
10	哲学	60	産業
11	哲学各論	61	農業
12	東洋思想	62	園芸
13	西洋哲学	63	蚕糸業
14	心理学	64	畜産業・獣医学
15	倫理学．道徳	65	林業
16	宗教	66	水産業
17	神道	67	商業
18	仏教	68	運輸．交通
19	キリスト教	69	通信事業
20	歴史	70	芸術．美術
21	日本史	71	彫刻
22	アジア史．東洋史	72	絵画．書道
23	ヨーロッパ史．西洋史	73	版画
24	アフリカ史	74	写真．印刷
25	北アメリカ史	75	工芸
26	南アメリカ史	76	音楽．舞踊
27	オセアニア史．両極地方史	77	演劇．映画
28	伝記	78	スポーツ．体育
29	地理．地誌．紀行	79	諸芸．娯楽
30	社会科学	80	言語
31	政治	81	日本語
32	法律	82	中国語．その他の東洋の諸言語
33	経済	83	英語
34	財政	84	ドイツ語
35	統計	85	フランス語
36	社会	86	スペイン語
37	教育	87	イタリア語
38	風俗習慣．民俗学．民族学	88	ロシア語
39	国防．軍事	89	その他の諸言語
40	自然科学	90	文学
41	数学	91	日本文学
42	物理学	92	中国文学．その他の東洋文学
43	化学	93	英米文学
44	天文学．宇宙科学	94	ドイツ文学
45	地球科学．地学	95	フランス文学
46	生物科学．一般生物学	96	スペイン文学
47	植物学	97	イタリア文学
48	動物学	98	ロシア・ソヴィエト文学
49	医学．薬学	99	その他の諸文学

してできたのが,「第1次区分表(類目表)」である(116頁5－5表参照)。

次の段階では,これら第1次区分の各々をそれぞれの領域にふさわしい区分原理を適用して10区分し,合計100区分(第2次区分)にグルーピングする。こうしてできたのが,「第2次区分表(綱目表)」である(前頁5－6表参照)。

さらに,第2次区分の各々を同様に10区分し,合計1,000区分(第3次区分)にグルーピングする。こうしてできたのが「第3次区分表(要目表)」である。この表全体は大部なので,その一部を示すことにする。例えば,第2次区分表の57化学工業は,5－7表のように区分される。

次の第4次区分以降は,それぞれの主題に応じて必要かつ十分なまで展開を進めていく。例えば,579その他の化学工業は,5－8表のように展開される。こうして細部まで展開された表が,NDCの「本表」にあたる「細目表」である。

番号が4桁以上(第4次区分以降)となる場合には,見やすくするために3桁目と4桁目の間にピリオッドを付す。なお,十進記号は絶対的な大きさを表す数値ではなく,単に順序を表す記号なので,例えば

5－7表　NDC要目表(抜粋)

570	化学工業
571	化学工学．化学機器
572	電気化学工業
573	セラミックス．窯業．珪酸塩化学工業
574	化学薬品
575	燃料．爆発物
576	油脂類
577	染料
578	高分子化学工業
579	その他の化学工業

5－8表　NDC細目表(抜粋)

579　その他の化学工業　Other chemical technologies
　.1　接着剤：にかわ,糊料,アラビアゴム　→：668.4
　　　＊別法：アラビアゴム578.35
　.2　石綿工業　→569.4
　.9⁺　生物工業［バイオテクノロジー］
　　　　＊育種学→615.21；遺伝学→467；家畜育種→643.1；水産育種→666.11；生化学→646,491.4；醸酵工業→588.5
　.93⁺　遺伝子操作技術の応用．遺伝子工学
　.95⁺　細胞培養の応用
　.97⁺　微生物・酵素の高度利用

「336.56」は「サンビャクサンジュウロクテンゴロク」と読まないで,「サンサンロクテンゴロク」と読む。

また,NDCは第3次区分(3桁)を基準としているので,第1次区分(1桁)と第2次区分(2桁)によって得られた主題の番号は,3桁に揃えるために後に0を付加されて細目表中に表示されている。あるいは,補助表の番号が付加されて,3桁で表示されている場合もある。

 300 社会科学(3に0が二つ付加されている。)
 301 理論.方法論(3に「形式区分」(補助表の一種)の記号である01が付加されている。)
 注:上記の例の( )内は,著者による補足説明。

(4) 各類の構成

0類　総記

主題を特定できない総合的・包括的なもの,あるいは特定主題を持たないものを収める。したがって,0類の中の区分原理は,主題ではなく形式である。

こうした一般原則にもかかわらず,知識・学問一般(002),情報科学(007),図書館・書誌学(010/020),博物館(060),ジャーナリズム(070)というような主題クラスが混入している。これらは単に他の主題類目からはみ出したものということではなく,知識全般にかかわる「一般的な」主題クラスは,体系の冒頭に配置する,つまり一般から特殊の順に主題を排列するという原則に基づいた処置であると考えられる。

1類　哲学.心理学.宗教

人間の精神界にかかわる著作を収める。理性に基づく人間の行動原理を説く哲学と絶対的な力(神)の信仰から発した宗教と,心理学,倫理学から成っている。

ただし,社会思想(309),科学哲学(401),美学(701)などの特定主題に関する哲学(思想)は,それぞれの主題の下に収める。

宗教では,日本の事情に合わせて,神道,仏教,キリスト教を大きく取り上げている。

2類　歴史．伝記．地理

人間社会についての時間（時代）的な記録としての歴史と人間と地表との相互関係についての空間（地域）的な記録としての地理，地誌，紀行，および個人についての史的記録としての伝記によって構成されている。歴史における国別の排列は，日本を中心とした順序になっている。

3類　社会科学

人間の社会生活に関わる諸現象を扱う著作を収める。ただし，経済につらなる産業の生産・流通は，技術（5類）と産業（6類）に分散している。なお，特殊な主題分野として，国防・軍事（390）が配置されている。ただし，ここにはソフト面のみで，ハード面は兵器．軍事工学（559）に配置されている。

4類　自然科学

自然に属する対象についての科学の部門で，人間の精神・歴史・文化などについての科学，いわゆる人文科学に相対する分野である。

科学の原理解明を目指した，純粋科学（応用科学に対する基礎科学）と人体の構造や機能に関する知識を基礎に病気に立ち向かう医学・薬学から構成されている。医学の最後（498）に衛生学．公衆衛生．予防医学を配置し，この下位区分に食品学，栄養学が含まれている。

5類　技術．工学．工業．家政学

応用科学としての技術・工学といった生産諸技術，いわゆる第二次産業（ただし，第一次産業の採鉱技術を含んでいる）およびその生産・流通経済，さらには家政学，生活科学が配置されている。工学・工業には原則としてその技術のみではなく，その経済，経営，行政も含まれる。

公害・環境工学（519）が建設・土木工学（510／518）の，原子力工学（539）が機械工学（530／538）の，そして兵器・軍事工学（559）が海洋工学・船舶工学（550／558）の下位区分ではないにも関わらず，各々の下位として配置されている。

6類　産業

農林水産業，いわゆる第一次産業（鉱業：560を除く）および商業，運輸，通信，いわゆる第三次産業（金融・保険：330を除く）を分類する。ただし，産業総記（600／609）は，5類の第二次産業を含めた総記である。また，農林

水産業の総記は、農業の総記（610.1／.8）が兼ねている。
7類　芸術．美術
　芸術，スポーツ・体育，諸芸・娯楽の三つの群から構成されている。芸術は、美術、音楽、舞踊、演劇、映画、大衆演芸からなり、その表現形式によって分類される。美術は、彫刻、絵画、版画、印章、写真、印刷、工芸からなり、その表現形式に続き、様式や材料、技法等により分類される。
　なお、演劇は芸術（700）の下の舞台芸術と文学（900）の下の各国文学の戯曲に分けられ、写真も機械工学（530）の下の写真機製造と芸術（700）の下の写真技術・作品分けられる。
8類　言語
　言語に関する著作を分類する。言語の排列は、言語系統に地域性が加味され、おおむね言語系統別にグルーピングされている。
9類　文学
　文学作品と文学に関する研究の双方を収める。文学作品は、先ず原作の言語により、次に文学形式によって分類する。時代区分を設けてある場合は、さらに時代によって分類する。原作が何語によって書かれたか不詳の場合には、著者の国籍による。

（5）補助表

「補助表」とは、本表（細目表）を補助するためのものである。すなわち、本表に、分類対象の主題に"ジャスト・フィット"する分類項目がなく、それゆえ、その主題に"ジャスト・フィット"する分類記号を付与できない場合に、補助表の適当な分類項目の分類記号を、"ジャスト・フィット"しない本表の分類記号に合成することにより、"ジャスト・フィット"する分類記号（分類項目）を作り出すためのものである。
　NDCの補助表には、一般補助表と固有補助表の2種類がある。
a．一般補助表
　一般補助表は、全分野で適用可能なもの、あるいは特定の類で共通に適用できるもの、または部分的であっても二つ以上の類で適用される補助表である。以下の6種類が用意されている。

5-9表　NDC形式区分表（抜粋）

形式区分（抜粋）	
−01　理論. 哲学	−05　逐次刊行物：新聞, 雑誌
−02　歴史的・地域的論述	−059　年報. 年鑑. 年次統計
−03　参考図書［レファレンスブック］	−06　団体：学会, 協会, 会議
−033　辞典. 事典. 用語集	−07　研究法. 指導法. 研究
−036　便覧. ハンドブック	−076　　研究調査機関
−04　論文集. 評論集. 講演集	−08　叢書. 全集. 選集

1）　形式区分［共通細目］（5-9表参照）

　細目表より選び出した分類番号を必要に応じて，さらにその主題の表現形式によって細区分する場合に使用する補助表である。原則として，細目表中のすべての分類番号に直接付加することができる。

　〔例〕「公害ハンドブック」は，519（細目表中の公害を表す番号）＋036（ハンドブックを表す形式区分の番号）→519.036となる。

　ただし，100哲学とか130西洋哲学などのように，細目中の分類番号の末尾に0が1個または2個付されている場合には，それらの0はないものとして，形式区分を付加する。このやり方は，どの補助表を使用する場合にも適用される。

　〔例〕「図書館年鑑」は，010（細目表中の図書館を表す番号）から後ろの0を除き，01＋059（年鑑を表す形式区分の番号）→010.59となる。

　〔例〕「社会科学辞典」は，300（細目表中の社会科学を表す番号）から後ろの0を2個とも除き，3＋033（辞典を表す形式区分の番号）→303.3となる。

　なお，以下の例外に注意する必要がある。

①　0を重ねて用いる場合

ⅰ）　各国・各地域の歴史（210／270）の箇所

　歴史という分野では，時代は地域に次いで2番目に重要な主題要素である。ところが，時代区分というものは，各国・地域に特有なものである。例えば，日本史の時代区分である江戸時代を英国史に適用しても意味がない。そこで，時代区分は，画一的な年代番号を補助表に用意するのではなく，細目表中にそ

れぞれに適した時代区分をあらかじめ用意する方法をとっている。結果として，その時代を表す番号と形式区分の番号がバッティングしてしまうので，それを避けるために形式区分を付加する場合に0を重ねて用いることにしている。

〔例〕 「日本史辞典」は，21(日本史を表す番号) + 0 (0 を重ねる。) + 033 (辞典を表す形式区分)→210.033となる。

細目表を見ると，形式区分の通常の適用法によって得られる番号 (210.33) は，飛鳥時代の番号として使用されてしまっていることが確認できる。

ただし，時代区分の後に形式区分を付加する場合には，バッティングすることはないので，0を重ねる必要はない。

〔例〕 「日本古代史辞典」は，210.3(日本古代史を表す番号) + 033→210.3033 となる。

ⅱ) 時代を表す番号が細目表中に用意されている箇所

各国・地域の歴史と同様に，時代の番号が細目表中に用意されているところでは，その番号と形式区分がバッティングすることになるので，0を重ねて用いる。

〔例〕 「音楽史に関する参考図書」は，762(音楽史) + 0 +03(参考図書を表す形式区分)→762.003となる。

762＋03→762.03は，細目表中に「古代音楽史」のための番号として使用されてしまっている。

ⅲ) 外交．国際問題 (319) と貿易史・事情 (678.2)

ここでは，2国間の関係を扱うことが多いので。相手国の地理区分の番号を0を介して付加できるようにしている。したがって，やはり番号のバッティングを避けるために，0を重ねて形式区分を付加する。

〔例〕 「日本貿易ハンドブック」は，678.2(貿易史・事情) + 1 (日本を表す地理区分) + 0 (0 を重ねる。) +036(ハンドブック)→678.210036となる。

通常の形式区分の付加法で得られる番号，678.21036は，678.2＋1＋0(相手国を付加するための番号) +36(スペインを表す地理記号)，つまり「日本・スペイン貿易事情」を表すことになる。

②　0を省略して用いる場合

形式区分の−01および−02に関しては，細目表中に指示がある箇所では，0を省略して付加する。これは，番号が長くなるのを防ぐための便宜的措置である。

〔例〕　細目表の310政治の下に［.1→311］［.2→312］という形式区分の0を省略する指示注記があるので，本来ならば310.1（政治学．政治思想）と310.2（政治史・事情）になるはずなのだが，0が省略されて各々311と312となる。

③　細目表中に用意されている分類番号を使用する場合

形式区分を付加したのと同一内容の分類番号が細目表中に用意されている場合には，その分類番号を使用する。

〔例〕　「貿易年次統計」は，678（貿易を表す番号）＋059（年次統計を表す形式区分）→678.059とするのではなく，同一の意味を表す番号として細目表中に用意されている678.9（貿易統計）を使用する。

また，形式区分の一部の番号の意味を拡張，あるいは限定して，特定の意味づけをしている場合がある。

〔例〕　470.76（植物園）は，番号の構成としては47（植物学）＋076（研究調査機関を表す形式区分）なのだが，ここでの076は「研究調査機関」の意味をさらに限定して，固有の意味「植物園」を示す番号として細目表に用意されている。こうした場合は，この番号は細目表中に用意された意味として使用する。だだし，他の形式区分は原則通りの意味で適用することができる。

なお，適用すべき表現形式が複数ある場合には，NDC本表編の解説（xxiv頁）のc)形式区分の複合使用についての注意等を参照し，その優先順序に留意して使用することが必要である。

2)　地理区分［地域細目］（次頁5−10表参照）

主題の取り扱いが，特定の地域や国に限定されている場合に，必要に応じてその地域を表す番号を付加することができる。通常は，形式区分の−02（歴史的・地理的論述）を介して地理区分の番号を付加する。原則として，細目表中のすべての分類番号に付加することができる。

5-10表　NDC地理区分表（抜粋）

地理区分（抜粋）
- －1　日本
- －11　北海道地方
- －136　東京都
- －2　アジア
- －22　中国
- －3　ヨーロッパ
- －36　スペイン
- －4　アフリカ
- －5　北アメリカ
- －53　アメリカ合衆国
- －6　南アメリカ
- －7　オセアニア．南極地方
- －71　オーストラリア
- －77　南極地方

〔例〕「中国の図書館事情」は，01（図書館）＋02（形式区分）＋22（中国を表す地理記号）→010.222となる．

〔例〕「東京都の博物館事情」は，069（博物館）＋02＋136（東京都を表す地理記号）→069.02136となる．

ただし，以下の例外に注意する必要がある．

① 地理区分を直接付加する場合

細目表中に「＊地理区分」という注記がある箇所では，形式区分の02を介さず，直接地理区分の番号を付加する．

〔例〕「アメリカの地誌」は，29（地理・地誌・紀行）＋53（アメリカを表す地理記号）→295.3となる．

② 日本の各地方，都道府県を表す地理記号から先頭の日本を表す1を省いたものを直接付加する場合

細目表中に「＊日本地方区分」という注記がある箇所では，形式区分の02のみではなく，さらに地理記号の先頭の日本を表す1をも省略してしまう．

〔例〕「東京都神社誌」は，175.9（神社誌．神社縁起）＋36（東京都を表す地理区分136から先頭の1を除いた番号）→175.936となる．

細目表の分類項目175.9神社誌．神社縁起の下にちょっと余計な言葉が付加されているが，「＊地方神社誌は日本地方区分」という注記がある．

③ 0を省略して用いる場合

形式区分のところで見たように，－02に関しては細目表中に指示がある箇所では，0を省略して付加する．これは，番号が長くなるのを防ぐための便宜的措置である．

〔例〕「アメリカ教育事情」は，細目表の分類項目「370教育」の下に〔．2→

372] という形式区分02の0を省略する指示注記があるので，本来ならば37(教育)＋02(形式区分)＋53(アメリカを表す地理区分)→370.253になるはずにも関わらず，0が省略されて372.53となる。

④　細目表中に用意されている分類番号を使用する場合

細目表中に特別な地理的区分が分類番号として用意されている場合には，地理区分の付加をせず，用意されている分類番号を使用する。

〔例〕　020.2（図書および書誌学史）の下では，以下の番号を使用する。
020.21　日本
020.22　東洋：朝鮮，中国
020.23　西洋．その他

3）　海洋区分（5－11表参照）

5－11表　NDC海洋区分表（抜粋）

海洋区分（抜粋）		
－1　太平洋	－4　インド洋	－7　北極海［北氷洋］
－2　北太平洋	－5　大西洋	－8　南極海［南氷洋］
－3　南太平洋	－6　地中海	

海洋を表すものなので，陸地を表す地理区分との併用はできない。細目表中に「＊海洋区分」という注記がある，海洋気象誌（451.24），海洋誌（452.2），海図集（557.78）のみで付加することができる。

〔例〕「インド洋の気象」は，451.24＋4(インド洋)→451.244となる。

4）　言語区分（5－12表参照）

5－12表　NDC言語区分表（抜粋）

言語区分（抜粋）		
－1　日本語	－4　ドイツ語	－7　イタリア緒
－2　中国語	－5　フランス語	－8　ロシア語
－3　英語	－6　スペイン語	－9　その他の諸言語

8類（言語）および9類（文学），このほか細目表中に「＊言語区分」注記がある分類項目（03百科事典，04一般論文集．一般講演集，05逐次刊行物，08叢書．全集．選集，670.9商用語学）で各々の番号に直接付加することができる。ただし，8類ではすべての言語区分が細目表に展開されている。（9類で

は一部展開されていないものがあるが，8類と同様に言語区分するとの注記があるので，それに従う。）

〔例〕 「Encyclopaedia Britannica」は，03(百科事典)＋3(英語を表す言語区分)→033となる。

〔例〕 「貿易中国語」は，670.9(商用語学)＋2(中国語)→670.92となる。

〔例〕 「バスク文学」は，9(文学)＋935(バスク語)→993.5となる。（この番号は細目表中に展開されていないが，993その他のヨーロッパ文学の下に「＊893のように言語区分」という注記がある。）

5） **言語共通区分**（5-13表参照）

5-13表　NDC言語共通区分表（抜粋）

-1 音声. 音韻. 文字	-4 語彙	-7 読本. 解釈. 会話
-2 語源. 語義. 意味	-5 文法. 語法	-78 会話
-3 辞典	-6 文章. 文体. 作文	-8 方言. 訛語

8類（言語）における個々の言語の分類番号に直接付加することができる。

〔例〕 「スペイン語文法」は，86(スペイン語)＋5(文法)→865となる。

〔例〕 「スペイン語会話」は，86(スペイン語)＋78(会話)→867.8となる。

ただし，言語の集合には付加できない。言語の集合とは「諸語」などを指すが，一つの言語記号を二つ以上の言語で共有している場合も含める。

〔例〕 「ブルガリア語会話」は，78(会話)を付加せず，889.1(ブルガリア語)に留める。なぜならば，889.1はブルガリア語とマケドニア語を表す共有の番号となっているからである。

6） **文学共通区分**（5-14表参照）

5-14表　NDC文学共通区分表（抜粋）

-1 詩歌	-4 評論. エッセイ. 随筆	-7 箴言. アフォリズム
-2 戯曲	-5 日記. 書簡. 紀行	-8 作品集
-3 小説. 物語	-6 記録. ルポルタージュ	-88 児童文学作品集

9類（文学）における個々の言語の文学の分類番号に直接付加することができる。

〔例〕「タガログ語の小説」は，929.44(タガログ語文学)＋3(小説を表す文学共通区分)→929.443となる。

ただし，言語共通区分と同様に，言語の集合には付加できない。

〔例〕「ベトナム語の詩歌」は，1(詩歌を表す文学共通区分）を付加せず，929.37(モン・クメール諸語：ベトナム語文学）に留めなくてはならない。

b. 固有補助表

「固有補助表」は，一つの類の一部分に対して共通して適用される補助表である。細目表中の次の7か所に用意されている。

① 178 神道各教派
② 188 仏教各宗派
③ 198 キリスト教各教派
④ 291／297 各国・各地域の地理・地誌・紀行
⑤ 510／580 各種の技術・工学（経済的・経営的観点）
⑥ 521／523 建築図集
⑦ 700／730および750 写真を除く各美術の図集

(5) 相関索引

「相関索引（relative index)」は，細目表中の分類項目名を50音順に排列し，分類項目名（用語）からそれに対応する分類番号を探すための索引であるが，図書などの普通の索引とは一味違った特徴をもっている。

図書の索引は，一般にその図書の本文中に記載された事項（語）を抽出して作成される。これに対して，NDCの索引は，細目表中に示されている語のみではなく，同義語，類語や細目表中にはない語までも必要に応じて採録している。

また，それぞれの観点によって複数の主題分野に分散してしまう主題については，主題分野を示す語を後ろに丸カッコで付記した形で索引項目として採録している（次頁5-15表参照）。このように，これは主題間の相互の関連性をも明示する索引なので，「相関索引」と呼ばれる。

さらに，合成語については，検索の便宜を考慮して，基幹語からも検索でき

5-15表　NDC相関索引(「飼料」の項)

飼料（水産増殖）	666.13（養殖水産物へ与える飼料について）
（水産物利用）	668.1（水産物を材料にした飼料について）
（畜産業）	643.4（家畜へ与える飼料について）
（養鶏）	646.13（にわとりに与える飼料について）

注：上記の例の番号後の（　）内は著者による補足説明。

るようになっている。**5-16表**の例では，植物学を検索すると，その下で園芸植物学以下の分類番号も同時に検索できるようになっている。

相関索引は，特定主題の分類番号を知りたい場合，分類表の体系全体の知識がなくても，その主題の体系上の位置を知ることができる大変便利なものである。

5-16表　NDC相関索引（「植物学」の項）

植物学	470
園芸植物学	623
森林植物学	653.12
水産植物学	663.7
農業植物学	613.7
薬用植物学	499.87

しかし，NDCの相関索引は，量的に不十分であり，分類項目の語以外に，その同意語，類語，下位概念となる語などをもっと充実させる必要性が指摘されている。

6. 分 類 規 程

「分類規程」とは，分類結果に一貫性を持たせるためのルールや指針となるもの。つまり，分類作業に必要な約束事のことで，「分類基準」とか「分類コード」とも呼ばれる。これを，全般に共通する「一般分類規程」と各項目（個々の主題）や類ごとに定める「特殊分類規程」とに分ける人もいる。また，「国立国会図書館分類コード」に代表されるような，各図書館が必要に応じて独自の「分類コード」を作成している場合も少なくない。

まず，各図書館の実情に応じて分類表を適用していくための以下のような作業を行ない，これに基づいて規程を定めなければならない。当然のことながら，この規程は，各図書館によって異なるものになる。

① 付与するケタ数の決定
② 二者択一項目[1]の選択・決定

③　分類表中の名辞や用語の意味の限定，解釈の統一
④　類似概念の適用範囲の明確化
⑤　新主題のための分類項目の新設・追加，不適当な分類項目の削除・不使用

以下では，NDCを使用する際に原則となる分類規程について解説する。

a.　主題と形式

NDCは主題を優先する。最初に細目表中に用意されている主題の分類番号を付与し，次に必要ならば，その主題を表現する形式により細分する。なお，形式による細分は，必ず主題に対する一番詳細な分類番号を付与した後で行う。

〔例〕「生物学辞典」は，46（細目表中の生物学を表す番号）＋033（辞典を表す「形式区分」）→460.33となる。

ただし，以下の例外箇所がある。

①　さまざまな主題を総合的・包括的に取り扱う総記類（0類）の大部分（03，04，05，071／077，08）では，主題を特定できないので，編集・出版形式を優先する。

〔例〕「世界大百科事典」は，知識全般を取り扱っており，特定の「主題」に限定できないので，その「編集形式」である百科事典（03）の下に分類する。→031

②　文学作品は，その作品の主題によらず，言語区分の上，文学共通区分という文学形式（文学ジャンル）によって分類する。芸術作品も，芸術形式（絵画，彫刻など）により分類する。これらは事実に基づく著作ではなく，想像に基づく著作なので，その表現形式を優先しているのである。

〔例〕　城山三郎「小説日本銀行」は，日本銀行（338.41）ではなく，日本文学の近代小説（913.6）に分類する。

b.　複数主題

一つの資料が複数の主題をそれぞれ独立して取り扱っている場合は，以下の三つのケースに分かれる。

前頁1)　各図書館の事情などによって，どちらを採用するかを選べる項目。

① その内の一つの主題が特に中心的に取り扱われている，あるいは著者の重点がある場合には，その中心となる，重点がある主題の下に分類する。

〔例〕「胃癌の話　付：食道癌と腸癌」は，明らかに重点の置かれている胃癌（493.455）に分類する。

② 中心・重点となる主題がなく，2または3の主題を対等に扱っている場合は，最初の主題に分類する。

〔例〕 L.M.チャン「目録と分類」は，最初の主題である目録（014.3）に分類する。

〔例〕「ウメ・イチジク・ビワ」は，三つの中の最初の主題であるうめ（625.54）に分類する。

③ 中心・重点となる主題がなく，4以上の主題を対等に扱っている場合は，それらを含む上位の主題に分類する。

〔例〕「コマツナ・シュンギク・レタス・ハクサイ」は，これら四つが含まれる上位の主題である葉菜類（626.5）に分類する。

c. 主題と主題との関係

一つの資料が複数の主題を相互に関連させて扱っている場合には，その関連の種類によって以下のタイプに分けて分類する。

1）**影響関係**　ある主題と他の主題との影響関係を扱っている場合には，影響を受けた主題に分類する。

〔例〕「ベトナム戦争とアメリカ経済」は，ベトナム戦争の影響でアメリカ経済がどうにかなったという影響関係を扱っているので，ベトナム戦争（223.107）ではなく，影響を受けたアメリカ経済（332.53）に分類する。

ただし，個人の思想・業績が多数人へ影響を及ぼした場合には，例外として，影響を与えた個人の方に分類する。

〔例〕「カントと近代日本思想」は，影響を受けた近代日本思想（121.6）ではなく，影響を与えたカント（134.2）に分類する。

2）**因果関係**　主題間に原因と結果という因果関係がある場合には，結果の方に分類する。

〔例〕「海洋汚染と赤潮」は，原因となった海洋汚染（519.4）ではなく，そ

の結果として発生した赤潮（663.96）に分類する。

3）　**概念の上下関係**　主題間に概念の上位，下位という関係がある場合には，上位の方に分類する。

〔例〕「農業と農村」は，農業と農村問題の二つの主題を取り扱っている。そして，農村問題（611.9）は農業（61）の中の一つの領域，つまり，下位区分の問題なので，上位の主題である農業（610）に分類する。

ただし，上位概念が漠然としていて，下位概念の主題が「本論」として論述されているような場合には，下位の主題の下に分類する。

〔例〕「日本経済と雇用政策」は，日本経済（332.1）ではなく，雇用政策（366.21）に分類する。

4）　**比較対照関係**　主題間で比較対照が行われている場合には，比較の尺度として使われている側でなく，著者が説明しようとする主題，または主張している主題の下に分類する。

〔例〕「日韓法制比較解説：物件法」は，韓国の物件法の特徴を日本の物件法との比較手法により説明しているので，日本の物件法（324.2）ではなく，韓国の物件法（324.921）に分類する。

5）　**並列する主題間の優先順序**　NDCでは，並列する主題間の「優先順序」は，原則として一般から特殊への順序となっている（つまり，一般より特殊が優先される）。そして，NDCの細目表は原則として一般から特殊の順序で分類項目が列挙されている。したがって，細目表の後ろの方が優先順序は高いことになる。例えば，「トマトの水耕栽培」は，水耕栽培（615.73）ではなく，トマト（626.27）に分類する。

しかし，必ずしも一貫していないので注意が必要である。例えば，640畜産業では，一般的な事項である獣医学が649に配置されている。より特定的な事項である個々の家畜は，その番号より前の645に配置されている。したがって，優先順序の原則からはずれるが，馬の病気とその治療は，後の番号である649ではなく，645.26に分類する。

d．理論と応用

特定主題の理論と応用の両方を扱ったもの，および特定理論・技術の特定主題への応用を扱ったものは，応用された方に分類する。

〔例〕「原子力の理論と応用」は，理論の原子物理学（429）ではなく，その応用である原子力工学（539）に分類する。

〔例〕「レーザーメス」は，光電子工学：レーザー（549.95）技術の外科手術への応用なので，外科手術（494.2）に分類する。

また，多数の主題に応用している場合には，その応用部門を総合的に治める分類項目が用意されている場合には，そこに分類する。ただし，応用部門を総合的に収める分類項目がない場合には，理論の方に分類する。

〔例〕「情報理論：基礎と応用」は，情報理論（007.1）に分類する。

e. 主題と材料

複数の主題間に，特定主題とそれを説明するために用いられた主題（材料）という関係がある場合には，説明される主題の方に分類する。

〔例〕「教科書で見る近代日本の教育」は，教科書を「材料」にして近代日本の教育を説明しているので，教科書（375.9）ではなく，日本の教育（372.1）に分類する。

f. 多数の観点から見た主題

主要な観点があれば，その「観点」の下に分類する。

〔例〕星川清親「米：イネからご飯まで」は，生産から見た米（616.2）と調理から見た米（596.5）をも内容に含んでいるが，著者の中心的な観点が流通から見た米（611.33）なので，611.33に分類する。

なお，主たる観点が不明（学際主題）の場合には，その主題にとり最も基本となる分類項目に分類する。

〔例〕柴田千頭男「結婚：人生胸突き八丁」は，結婚に関する法律，社会心理，家族制度，風俗習慣など，種々の観点からの著作で主たる観点が不明である。こうした場合には，結婚という主題にとり最も基本となる分類項目を勘案し，家族問題の下の婚姻・離婚問題（367.4）に分類する。

g. 主題と読者対象

特定の読者層を対象に書かれた資料は，原則として，主題ではなく読者層を示す分類項目に分類する。

〔例〕「エンジニアのための英会話」は，英会話（837.8）ではなく，500技

術．工学の下の研究法．指導法．技術教育（507）に分類する。

ただし，一般の読者にとっても活用できる場合には，その主題の下に分類する。

〔例〕「Wordを使った大学生のための論文作成術」は，大学（377）ではなく，論文（816.5）に分類する。

h．原著作とその関連著作

特定著作の翻訳，評釈，研究，索引などは，著作と同一の分類項目の下に分類するのが原則である。

〔例〕 アガサ・クリスティ作　神鳥統夫訳「オリエント急行殺人事件」は，日本語に翻訳されているが，原著作と同じ20世紀英文学小説（933.7）に分類する。

しかし，以下の例外がある。

① 語学学習書

語学学習を主目的とした対訳書，注釈書などに対しては，それが扱っている主題または文学形式に関わらず，学習される言語の読本，解釈として分類する。

〔例〕 藤木直子編著「エミリ・ブロンテ名詩選」は，E.ブロンテの詩を英文読解のためのテキストとして解説を加えて編集したものである。したがって，20世紀英文学詩（931.7）ではなく，英文解釈（837.5）に分類する。

② 翻案，脚色

ある文学作品をもとに，その筋立てを借りて改作した翻案書や脚色された作品は，翻案作家，脚色家の作品として分類する。

〔例〕 A.ハケット　菅原卓訳「戯曲アンネの日記」は，アンネ・フランク原作のオランダ日記文学（949.35）を戯曲に改作したものの日本語訳である。改作を行った段階で原著作とは独立したオリジナルな作品として扱うことになる。したがって，ハケットの戯曲作品として，20世紀英文学戯曲（932.7）に分類する。

③ 特定意図による抄録

特定の意図により，原著作から一部分を取り出して刊行されるような資料の

場合には，その一部分によって表された（意図する）主題に分類する。
　〔例〕　塚本善雄「魏書釈老志の研究」は，北魏の正史である「魏書」の中の仏教と道教の歴史を記している「釈老志」のみに関する研究書である。したがって，中国南北朝時代史（222.046）ではなく，中国仏教史（182.22）に分類する。

i．新　主　題

　分類表に用意されていない主題に関する著作は，一般的にはその主題と最も密接な関係があると思われる主題を探して，その分類項目に収める。適切な項目が見つからない場合には新しい分類項目を新設し，そこに分類することも考慮する。

　例えば，NDC 8 版ではまだ分類項目が用意されていなかった「超伝導」の場合を考えてみる。次の改訂の際には，この主題にもっとも近い分類項目と思われる動電気学．電気力学（427.4）の下に新設分類項目として追加されるだろうことを予想して，427.4に分類しておく。NDC 9 版の新設分類項目として超伝導（427.45）が追加されたので，これはうまく対応できたケースとなる。

　あらかじめ分類表に用意されていない主題にうまく対応するためには，この主題は全知識分野の連鎖中のこの位置に必ず配置されるはずであるということが，明確に予測可能でなくてはならない。そのためには，一貫した論理構造をもった分類表であることが求められる。これからのNDCの改訂に際しては，できるだけ多くの分類項目を用意（詳細化）するのと同時に，一貫した分類構造の構築が特に重要となっているといえるだろう。

7．分類作業と所在記号

　個々の図書館資料に対してその主題を分析し，その分析した結果を所定の分類表にしたがって分類記号に変換し，さらに「図書記号」[1]を付与する一連の過程を「分類作業」という。ここでは，分類作業についての理解を深めたい。

---

1)　これについてはすでに1章4節(2)cで触れているが，詳しくは，本節(3)b参照。

（1） 主題分析[1]

「主題分析」とは，その資料・文献が全体として何について書かれたものであるか（主題）を明らかにすることである。この際，通常，主題を一つの句や文に「要約」する方法が用いられる。主題分析作業は，大きく以下の二つのプロセスに分けることができる。

a. 必要な主題概念を選び出す

まず，資料の主題を明確にする。主題を構成する概念には，可能な限り「特定的」（その主題の文脈において，広くもなく狭くもなく"ドンピシャ"）なものを採用する。主題を構成する概念が複数ある場合には，概念間の関係をも明らかにする。その次に，その主題に対する著者の観点，それが扱っている地域，時代などのような主題の別の側面を明らかにし，さらに必要な場合には，叙述・表現形式や出版・編集形式をも明らかにする。

b. 簡潔な要約に変換する

抽出した概念を組み合わせて，簡潔な要約へ転換する。主題分析の次の段階である分類記号への変換（翻訳）に備えて，必要な概念を落とさないように注意する。

一般には，以下の点に注目して，以下の順で主題を把握（主題分析）することになる。

① タイトル

これは多くの場合，その主題を表現している。したがって，タイトルが主題把握（主題分析）のための第一のよりどころとなる。特に自然科学系の専門書の場合には，タイトルが主題を表現する割合が大である。しかし，タイトルだけで判断するのは危険であるので，必要に応じて②以下の点をも確認する。

② 著者の過去の著作や研究分野

これによって，著者の観点や立場が明らかになる場合が多く，主題把握の大きなヒントとなる。

③ 目次

---

[1] 本項については，4章2節をも参照されたい。

これは，資料の内容を概観し，それから主題の範囲やその扱われ方，または編集形式などを判断するために役に立つことが多い。

④ 序文，あとがき，解説等

これらには，著者の著作意図，立場，観点などを知る手掛かりが紹介されていることが少なくない。

⑤ 書評や広告，帯やブック・カバーなど

これらも参考になることが多い。

なお，さらに，自館の分類実績や各種のMARCデータもヒントとなろう。

主題を的確に理解するためには，主要な知識分野（主題分野）についての一定以上の知識が必要不可欠となる。また，主題分析は使用する分類表の体系や考え方によって影響や制約を受けるので，これを行うためには使用する分類表の理解も必要不可欠となる。

（2） 分類記号への変換

主題分析によって導き出された要約中の概念を，使用している分類表の体系や記号法にしたがい，分類記号に変換（翻訳）する。これには，分類記号の合成（組み合わせること）も含まれる。この組み合わせる際の順序のことを「引用順序（citation order）」といい，個々の分類表で各々決められている。

分類記号への変換作業は，個々の分類表によって異なるので，個別の検討が必要である。ここでは，観点分類法（ほとんどの分類法がこのタイプ）によるものであるNDCを使用した場合を想定してみる。主題を分析する際に，まず最初にその主題の取り扱われ方（観点）を明確にして分類表中の主題分野を決定する。

例えば，「砂糖について」の資料，つまり主題が砂糖の場合には，その観点により以下のように，それぞれ分類される主題分野が異なることになる。

　＊砂糖大根の栽培についてなら，農業（617工芸作物栽培）の下へ
　＊砂糖の製糖についてなら，食品工業（588）の下へ
　＊砂糖の栄養価についてなら，栄養学（498.55）の下へ
　＊調味料としての砂糖についてなら，料理（596）の下へ
　＊砂糖取引についてなら，商業（676.4取引所）の下へ

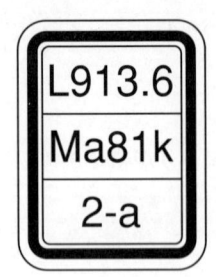

```
┌─────────┐
│ L913.6  │
├─────────┤
│ Ma81k   │
├─────────┤
│  2-a    │
└─────────┘
```
……1段目には，L（別置記号）＋913.6（分類記号）

……2段目には，Ma81（著者記号）＋k（著作記号）

……3段目には，2（巻次記号）やa（複本記号）などを書き込むのが，一般的である。

5－1図　背ラベルと所在記号

　次に決定した主題分野中の連鎖をたどり，分類表中の注記なども丹念に確認して，分類記号に変換する。

　分類記号への変換における一般的な留意点は以下の4点である。

(1)　その図書館の利用者の利用しやすさを配慮する。
(2)　最も特定的で詳しい分類記号を付与する。
(3)　常に首尾一貫した分類記号を付与する。
(4)　相関索引のみを用いて分類記号を決定しないで，必ず本表で確認する。

(3)　所在記号の付与

　「所在記号」は，「分類記号」と「図書記号」（本項bで解説）および「補助記号」（本項cで解説）から構成される。なお，これに「別置記号」（本項dで解説）を伴う場合もある。

　所在記号は，一般的には**5－1図**のようなラベルに書き込まれ，資料の背に貼付される。そして，資料は所在記号に従って排架される。

　背ラベルは，図書館ごとにさまざまなものが使用されているが，一般的には**5－1図**のような3段のラベルを用い，図書の背の下から1～2cm位あけた上に貼ることが多い。

　なお，上記の著者記号，著作記号，巻次記号，複本記号については，それぞれ，本項のb-3），c-1），c-2），c-4）で解説される。

　一方，この記号は目録情報にも記録され，目録により資料を検索した人に，その資料の所在場所を示す役割をもっている。つまりこの記号は，資料の住所のようなものである。全面閉架制の時代には，図書館の出納窓口（カウンタ

一）でこうした情報を示して，閉架書庫にある資料の閲覧請求をしたことから，「所在記号」は「請求記号」ともいわれる。また，書架上の位置や排架場所を示すという機能から，「書架記号」「排架記号」などといわれることもある。

a. 分類記号の付与

ここでいう分類記号とは，書架分類法の記号のことである。分類記号は，各主題の資料を書架上にグルーピングするために付与される。これにより，利用者は自分の探している主題の資料を書架上でまとめて検索することができるのである。分類記号は，一般に書誌分類法の記号（の一つ）をそのまま，あるいは簡略にしたものを用いることが多い。

b. 図書記号の付与

資料の数が多くなればなるほど，同一主題の資料の数も多くなる。当然，同一分類記号の資料が複数書架に並ぶことになる。図書記号は，この中をさらにグルーピングするために付与される記号である。図書記号の付与の仕方には，いくつかのものが考えられる。館種，利用者，蔵書構成，蔵書数，開架制・閉架制などを考慮し，各図書館にとって最適な方法を選ぶ必要がある。以下，代表的な図書記号法をあげる。

1）**受入順記号法**　同一分類記号の資料に対して，各々に受入れた順に一連の番号（例えば，1，2，3，……のように）を与える方法である。資料を完全に個別化でき，きわめて単純で容易なので，閉架制の時代にはよく使用されていた。しかし，セットもののように継続して刊行される資料の場合には，その最初に受入れたものに付与した番号を後から刊行される分にも与えないと同じ場所に並べられないとか，同一著者の資料が分散するといった欠点もあり，現在ではあまり使われていない。

2）**年代順記号法**　同一分類記号の資料に対して，その各々を出版された順に排列するために出版年を記号化して付与する方法である。最新の資料が重要視される科学技術分野には適しているといえるが，あまり普及していない。

年代記号法には，「ランガナータン年代記号法（Ranganathan chronological table for book number）」「ブラウン年代記号法（Brown extend date table）」

「ビスコー年代記号法（Biscoe time number）」などがある。

　ランガナータン年代記号法は，ローマ字1文字と年代の下1数字を組み合わせて年代を表す。例えば，以下に抜粋した年代表を使用して，1886年はB6，1894年はC4と表す。

　　A　1880年以前　　B　1880－1889　　C　1890－1899　……（D以下10年単位）
　　Z　2120－2129　　AA　2130－2139　AB　2140－2149　……　と続く。

　この表のほかに，これには古刊本のための年代区分表も用意されている。

　3）著者記号法　　同一分類記号の資料を，同一著者の資料ごとにまとめて排列するための記号法である。著者名の頭文字ないし2～3文字（例えば，夏目漱石ならN，Na，ナ，ナツメ）を用いる方法や「著者記号表」を使用する方法などがある。著者記号表を用いる場合，日本では，「日本著者記号表（Nippon Author Marks: NAM）」「カッター・サンボーン著者記号表（C. A. Cutter's alphabetic-order table, altered and fitted by three figures by Miss E. Sanborn）」などが主に使用されている。

　日本著者記号表は，日本人名が中心だが，外国人名にも適用できるように編成されている。アルファベットと数字を組み合わせて，著者名を記号化する。ヘボン式ローマ字つづりによる著者名の頭文字1字と数字2字が原則だが，日本人の姓に多いK，M，S，Tについては2文字（例えば，Ka，Ke，Ki，Ko，……）を用いる。反対に少ない部分では，数字を1ケタにしたり，さらには文字のみとしたりといった工夫をしている。

5－17表　日本著者記号表（抜粋）

BY MORI-KIYOSHI									Ki～Ko
Ki	11	Ko	Kin	41	Kok	Kitao	71	Kon	
Kid	12	Kobay	Kind	42	Koke	Kitaok	72	Kond	
Kido	13	Kobe	Kine	43	Koki	Kitau	73	Kondo	
Kie	14	Kobo	Kini	44	Koko	Kitay	74	Kone	
Kif	15	Koc	Kino	45	Koku	Kitaz	75	Koni	
Kig	16	Kod	Kinos	46	Kokuf	Kite	76	Kono	
Kih	17	Kodai	Kinu	47	Kokug	Kito	77	Konoe	
Kii	18	Kodam	Kinui	48	Kokum	Kits	78	Konoi	
Kij	19	Kodan	Kio	49	Kokur	Kitt	79	Kor	

例えば，前頁5-17表により，小林（Kobayashi）はKo12，近藤（Kondo）はKo73と表す。

c. 補助記号

「補助記号」は図書記号による資料の個別化をさらに徹底させる場合に使用する記号で，以下のような種類がある。

1）著作記号　同一著者の複数の著作を区別するために，著作のタイトルの頭文字を図書記号に付加する。もし，頭文字が同じである時には，さらに区別に必要な文字を付ける。以下，「図書記号」として「著者記号」を用いている場合を例として説明する。

例えば，松本清張の「黒革の手帖」なら，日本著者記号表から著者記号（Ma81）を選び，その後にタイトルの頭文字kを付加してMa81k，同じく「点と線」なら，タイトルの頭文字tを付加してMa81tとする。また，タイトルにかかわりなく，その受入順に2，3，4と序数を「著作記号」として使用する方法もある。

2）巻次記号　1部2冊以上からなる資料の各々を区別するために，巻次を序数として図書記号に付加する。一般に背ラベルの3段目に記入することが多い。

3）版次記号　同一著作の異なる版を区別するために，版次を序数として図書記号に付加する。一般に背ラベルの3段目に記入することが多い。

4）複本記号　同一著作の同一版を複数（複本を）所蔵する場合に各々を区別するために，各図書館で定めた複本であることを示す記号を図書記号に付加する。一般に背ラベルの3段目に記入することが多い。

d. 別置記号

主題以外の基準（資料の利用および管理の利便性を考慮）を適用して資料を排架する際に所在記号（分類記号の前に付加するケースが多い。）に付加する記号である。日本の図書館では，主に参考図書や大型本，貴重書，郷土資料，児童書などを通常の資料と別置するために使用されることが多い。記号は，それぞれの図書館でさまざまなものが工夫されて使用されている。例えば，参考図書にはR（Referenceの略），大型本にはL（Largeの略）など。また，記号ではなく，ラベルの色などで表す場合もある。

第6章 語による主題検索：
自然語，件名法，シソーラス

1．語による検索とは

　本章は主題検索を前提としているのだが，これは大きく二つの方法に分かれる。一つは「分類」といって，主題を記号化して検索する方法である。例えば「日本料理」という主題を「596.21」という分類記号に置き換えて検索する方法である（この分類記号はNDC 9版によっている）。もう一つは主題を表す語で検索する方法である。これにも二通りの方法がある。一つは日常使用している語（これは「自然語（natural language）」または「非統制語（non-controlled vocabulary）」と呼ばれる）をそのまま検索に使用する方法である。もう一つは自然語ではなく，統制された語（「統制語（controlled vocabulary）」と呼ばれる）を使用する方法である。例えば「フランス料理」という語は自然語である。しかし，それを「料理（西洋）—フランス」とすると自然語とはいえない。これは日本の標準的な件名標目表の最新版である「基本件名標目表（BSH）第4版」より選択した，件名標目という統制された語の例である。
　以下，本章では，語による検索に論点をしぼって述べることにする。

2．自然語による検索

　「自然語」による検索はコンピュータの発達とともに発展してきた。すなわち，コンピュータを検索に利用するようになった初期の頃（1950年代末からおよそ1970年代まで）は，紙媒体による索引をコンピュータから出力し，これを利用して検索が行われていたが，およそ1980年代以降は，一般に，コンピュータに直接検索語を入力して検索が行われるようになってきた。
　昔のコンピュータは，処理能力が低く，現在私たちが当たり前のように使用

しているディスプレイもなかったので，ディスプレイの画面に適当な検索語を入力して検索するという方法をとることができなかった。したがって，資料のタイトルや所在情報など，少数の書誌情報をコンピュータに入力し，これをプログラムで加工して索引を作成し，プリンタでこれを出力するという方法がとられた。

このような時代の自然語による索引の代表としては「KWIC (Key Word In Context)」索引と「KWOC (Key Word Out of Context)」索引をあげることができる。これらの索引は，主に雑誌論文を検索するために開発されたものである。

KWIC索引は，入力されたタイトルから索引語として有効と思われる語を抽出し（逆に述べれば，有効でないと思われる語[1]を排除し），抽出された索引語を真ん中に置き，その索引語の前後にあるタイトル中の語を付与した上で，索引語を音順（五十音順あるいはアルファベット順）に並べたものである。なお，索引の右端には，資料の所在情報が表示される。次頁6－1図はKWIC索引の例である。

図を見ればわかるように，この索引の特長は，索引語がどのような文脈(context)で使用されているものかということを確認できる点にある。例えば，「情報センター」についての資料を探す場合，6－1図の索引を利用すれば，下の二つの資料がこれに該当することが，すぐに判明する。

KWIC索引は，索引語の使用文脈がわかるという優れた特長を有しているものの，少々見づらいという欠点をも有している。この欠点を解消するために開発されたのが，KWOC索引である。これの仕組みはKWIC索引と同じであるが，索引のデザインが異なる。KWOC索引の場合，索引語をタイトルの外に出し，その語の音順に並べ，その後ろに索引語を含んだタイトルを記載するのである（次頁6－2図参照）。図を見れば，KWIC索引よりかなり見やすくなっていることがわかろう。

これらの索引に対して，現代的な，OPACなどで利用されるキーワード検索は，タイトルなどに検索者がキーワードとして入力したものがあれば，そのレ

---

1) このような語は「ストップ・ワード (stop word)」と呼ばれ，日本語の場合の助詞など，英語の場合の前置詞や冠詞などが，通常，これに相当するものとされる。

第6章 語による主題検索：自然語，件名法，シソーラス

```
科学技術者の研究   情報  利用調査                              25:41-53
生物・環境・      情報                                        25:135-155
日本における      情報  ネットワークNISTの発展                  21:1-17
医学            情報  ネットワークと日本医学図書館協会         24:1-10
磁気テープによる書誌 情報  交換用フォーマットの標準化の動向       4:1-16
科学            情報  流通過程における科学報道記事             6:163-178
               情報  メディアの階層化                       9:409-426
思想史からみた    情報  科学                                 14:229-250
図書館学，       情報  学の基礎文献；引用調査                  18:77-88
               情報  検索の問題点と対策                     22:11-29
オンライン       情報  検索システムの動向                     4:43-62
システムリード型の医療 情報  検索システム                         8:93-99
個人用          情報  検索システムACQUIREの開発              10:169-186
               情報  検索システムとその管理機能の問題         18:89-102
経済            情報  システム理念の発達                     14:15-22
先進主要国の科学技術 情報  政策書の比較                         22:143-159
合衆国海外       情報  センターの性格                         23:77-91
医学            情報  センターへの変貌                       15:63-75
```

　　　索引語　　索引語の前後の語　　　　論文の所在

6-1図　KWIC索引の例 (出典：SIST13　付図2 KWIC索引)

```
情報         科学技術者の研究情報利用調査                    25:41-53
情報         生物・環境・情報                              25:135-155
情報         日本における情報ネットワークNISTの発展         21:1-17
情報         医学情報ネットワークと日本医学図書館協会        24:1-10
情報         磁気テープによる書誌情報交換用フォーマットの標準化の動向  4:1-16
情報         科学情報流通過程における科学報道記事            6:163-178
情報         情報メディアの階層化                          9:409-426
情報科学      思想史からみた情報科学                        14:229-250
情報学       図書館学，情報学の基礎文献；引用調査            18:77-88
情報検索      情報検索の問題点と対策                        22:11-29
情報検索      オンライン情報検索システムの動向               4:43-62
情報検索      システムリード型の医療情報検索システム          8:93-99
情報検索      個人用情報検索システムACQUIREの開発           10:169-186
情報検索      情報検索システムとその管理機能の問題           18:89-102
情報システム   経済情報システム理念の発達                    14:15-22
情報政策      先進主要国の科学技術情報政策書の比較           22:143-159
情報センター   合衆国海外情報センターの性格                  23:77-91
情報センター   医学情報センターへの変貌                     15:63-75
```

　　　索引語　　索引語を含んだタイトル　　　論文の所在

6-2図　KWOC索引の例 (出典：SIST13　付図3 KWOC索引)

2. 自然語による検索

	A	B	C	D	E	F	G	H	I	J
1										
2		書名フィールド	著者フィールド	出版者フィールド	件名フィールド					
3	レコード1									
4	レコード2									
5	レコード3									
6	レコード4									

6-3図　書誌データ・ファイルのシュミレーション

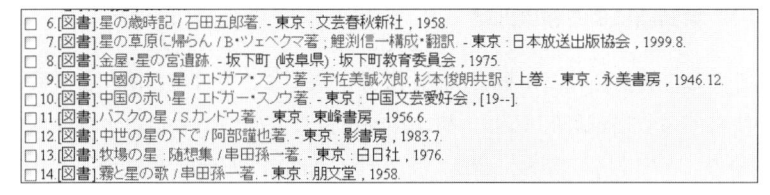

□ 6.[図書]星の歳時記/石田五郎著. - 東京:文芸春秋新社, 1958.
□ 7.[図書]星の草原に帰らん/B・ツェベクマ著;鯉渕信一構成・翻訳. - 東京:日本放送出版協会, 1999.8.
□ 8.[図書]金屋・星の宮遺跡. - 坂下町 (岐阜県):坂下町教育委員会, 1975.
□ 9.[図書]中國の赤い星/エドガア・スノウ著;宇佐美誠次郎, 杉本俊朗共訳;上巻. - 東京:永美書房, 1946.12.
□ 10.[図書]中国の赤い星/エドガー・スノウ著. - 東京:中国文芸愛好会, [19--].
□ 11.[図書]バスクの星/S.カンドウ著. - 東京:東峰書房, 1956.6.
□ 12.[図書]中世の星の下で/阿部謹也著. - 東京:影書房, 1983.7.
□ 13.[図書]牧場の星:随想集/串田孫一著. - 東京:白日社, 1976.
□ 14.[図書]霧と星の歌/串田孫一著. - 東京:朋文堂, 1958.

6-4図　OPACによるタイトル検索の例（一部）

コードを画面に表示するというものである。

　現代の書誌データ・ファイルのなかを簡単にシュミレートすると6-3図のようになる。

　各マス目をフィールドといい，フィールドを集めた横の列（1，2，3）をレコードという。レコードを集めたものをファイルといっている。検索者が検索フィールドを指定して，検索語を入力して検索をかけると，コンピュータはそのフィールドを検索し，検索語の含まれたレコードを画面に表示する。例として，6-4図に，筆者が勤務する大学の図書館のOPACを利用して，「空の星」に関する資料を探すために「星」という検索語でタイトル・フィールドを検索した結果の一部（つまり，タイトルの一部に「星」が含まれている資料の検索結果の一部）を示す。

　検索結果を見ると，筆者は空の星についての資料を探しているにもかかわら

ず，タイトル等に「星」という文字が入っているだけで，「空の星」にまったく関係のないものも表示されていることがわかる。つまり，このような検索では「精度」が低くなり，「ノイズ」が生じるということである。さらに述べれば，「星」に関する資料でもタイトル等の一部に「星」という文字がなければ，そのレコードは表示されない（例えば，「銀河の物語」というタイトルの資料は検索されない）。つまり，「再現率」が低くなり，検索「モレ」が生じるということである。したがって，自然語によるキーワード検索を行う場合は，そのようなことを理解した上でこれを行う必要がある。

3．統制語による検索

（1） 統制語による検索とは

　前節では，自然語による検索について述べた。ここでは統制語による検索について述べる。「統制語」とは，概念や使用法などについて制限がかけられている語のことである。なお，統制の際には，語間の意味的関係性の明確化も行われる。

　語の統制がなぜに必要なのだろうか。それは，上で検討したように，自然語による検索では，「精度」や「再現率」が下がり，「ノイズ」や「モレ」が増えるからである。念のために，ここで別の例をあげて考察を加えよう。

　例えば筆者が「ラグビー」に関する資料を読みたいと思い，これのややフォーマルな名称である「フットボール」という語でタイトルを検索すると「ラグビー」だけではなく「アメリカン・フットボール」や「サッカー・フットボール」に関する資料も検索されてしまうことになる。また，タイトル中に「フットボール」という語が存在しない「ラグビー」に関する資料は検索されない。

　これに対して，例えば「フットボールはすべてのフットボールを検索する時に使用し，個々のフットボール（例えばラグビー）を検索する場合は，個々の名称（例えばラグビー）を使用せよ」というような統制を加えた統制語彙表（語の使用方法に関するルール・ブック）があれば「ノイズ」や「モレ」が少なくなる。なぜなら，統制語彙表を利用すれば，すべての「ラグビー」に関す

る資料（の書誌情報）には，タイトルにこの語が採用されていようといまいと「ラグビー」という索引語が付与されることになり，一方，検索者もこれを検索語として使用することになるからである．

ただし，統制語は長所のみを有するものではない．これには，統制語彙表が作成されて以降に現れた新主題に対応しきれないという欠点もある．統制語彙表の例として，日本の標準的な件名標目表である「基本件名標目表（BSH）」を取り上げよう．これの最新版（第4版）は，1999年に刊行されたものである．したがって，これには「ホームページ」という語は収録されているものの「ブログ」という語は収録されていない．それゆえ，「ブログ」に関する本を探す場合は，基本的に，自然語にたよらざるをえないことになる．

語の統制には，大きく分けると三つの方法がある．一つは「概念の統制」である．つまりその語のもつ意味を限定することである．二つは分野における「語の役割の統制」である．例えば音楽において「ピアノ」といった場合に，それが楽器としてのピアノか，表意記号としての「ピアノ」かということをハッキリさせることである．三つは「語の関係性の統制」である．すなわち，語と語の上下関係やその他の関係の明示である．

「基本件名標目（BSH）」の最新版（4版）によって，統制の例をあげる．これによると，「日本料理」という自然語は「料理（日本）」という語形に統制される．また，「神」という語は，「個々の神を指すのではなく神全体を指し，個々の神はそれぞれの固有名詞を使用する」というように意味（概念）が統制される．このように，統制語は，語形や概念が統制され，自然語に近いけれど自然語ではない語となる．しかし，そのような語を使用することによってより精度や再現率の高い検索が実現する．

図書館が統制語を使用するのであれば，その資料の主題を見極め，その主題にふさわしい統制された索引語を用意せねばならない．そのような業務は図書館や図書館員に大きな負担をかけることになる．そのためカード目録の時代には，統制語をアクセス・ポイント（標目）とする目録である件名目録を提供している図書館は大変少なかった．しかし，3章で紹介した集中目録作業や共同目録作業が広く受け入れられ，目録データの流用が日常的に行われるようになった現在では，統制語による検索を提供するための負担は，かなり軽くなって

いる。

　統制語による検索には，前章で取り上げた分類表を除くと，件名標目表を統制語彙表として使用する方法と，シソーラスを統制語彙表として使用する方法がある。次項からはそれぞれについて述べる。

（2）件名標目表

a. 件名標目表とは

　「件名標目表」とは，件名目録（カード目録）を作成したり，OPACで件名標目によるアクセスを保障するために書誌レコードの件名フィールドに件名標目を記録したりする際に使用されるツールである。そこに収集されている語は，件名標目として採用されている語と参照語からなる。「件名標目」とは資料の内容などを表現するための語であり，主題アクセスに用いられる語（つまり索引語（検索語）となる語）である。これは統制されるので，自然語に近いが自然語とはいえない形のものも多い。件名標目として採用される語は，件名標目表によって異なるが，これには多くの利用者が主題検索において使用する頻度が高いと推察される語が採用される。「参照語」とは件名標目ほどは検索に使用される頻度は高くはないが，利用者が件名標目表を利用する際に思い浮かぶであろうことを予測して選択された語である。これは主題アクセスに用いることを禁じられた語（つまり索引語（検索語）とはならない語）であり，これには，これから件名標目に導くための参照が付けられる（本章本節本項b（153頁）参照）。

　件名標目表には，広く一般的に使用できるものと，特定の図書館で使用されるために作成されたものの二つが存在する。次で述べる「基本件名標目表（BSH）」は広く一般的に使用される件名標目表である（このようなものを「標準件名標目表」という）。これに対して，本章本節本項cとdで紹介する「国立国会図書館件名標目表（NDLSH）」と「米国議会図書館件名標目表（LCSH）」は，国立国会図書館や米国議会図書館という特定の図書館での使用を前提とする件名標目表である（このようなものを「一館件名標目表」という）。

　最近では件名標目表がシソーラス化してきている。次に紹介する「基本件名

標目表（BSH）第4版」もシソーラス化されている。なお，シソーラスと件名標目表の違いについては本章の本節(3)aにおいて述べる。

b. 基本件名標目表（BSH）

「基本件名標目表（Basic Subject Headings: BSH）」のスタートは1930年に刊行された「日本件名標目表」（加藤宗厚編：間宮商店）にさかのぼる。これに青年図書館員連盟が大幅な変更を加えたものが，1944年に同じ間宮商店から刊行されたが，その後，さまざまな経緯を経て，1953年以降，日本図書館協会がこれの改訂を行うことになり，その結果，1956年に「基本件名標目表」が刊行された。1971年に改訂版が，1983年には3版が刊行されている。

最新版であるBSH4版は1999年7月に刊行された。この版は「音順標目表」「分類記号順標目表」「階層構造標目表」からなる。3版からかなりの変更があり，採択件名標目も増加したが，なかでも3版と大きく異なるのは，音順標目表の構成と，階層構造標目表の新設という点である。

1） 件名標目の採録方針　　BSH4版における件名標目の採録方針は次のとおりである。「わが国における公共図書館，大学の一般教育に必要な資料を主に収集する大学図書館，高等学校の図書館において編成される件名目録に必要な件名標目を中心に採録するという従来の方針を踏襲している。しかし，全国的目録情報サービスの利用に対応するため，国立国会図書館および図書館流通センターの採用標目を検討して，一般的資料を幅広く収集する図書館にとって必要であると考えられる件名標目を増補し，全国的目録情報サービス利用館の件名目録編成にも役立つことを目標とした。……増補の方法としては，日本図書館協会の『JLA選定図書総目録』において採用した件名標目，およびJAPAN/MARCが採用している件名標目，図書館流通センターのTRC MARCが採用した件名標目を調査し，必要と考えられる件名標目を補うとともに，『国立国会図書館件名標目表』において採用している標目形式との調整を図った。また，その他の参考資料を情報源として利用したほか，いくつかの国内の公共図書館からも，採用標目の資料の提供を受けた。」[1]

上記のことからわかるように，件名標目数は3版（約4,250標目）よりはか

1）　日本図書館協会件名標目委員会編. 基本件名標目表第4版. p.3（件名標目の採録方針）

なり増えている。4版に採録された件名標目は7,847件であり，これに参照語等が加わって，音順標目表（本表）の総項目数は10,982件にのぼる。

　2）　**音順標目表**　　音順標目表は「本表」「国名標目表」「細目一覧」よりなる。このうち，件名標目・参照語などを五十音順に排列した「本表」は，標目等の使用法や相互の関係などの情報を含み，BSHの本体をなすといえるものである。五十音順の「本表」という形態は3版と変わらないが，その表現形式は大きく異なり，基本的にはシソーラスといわれるものの形式をとっている。

　本表には，以下に説明する「件名標目」「参照語」「細目」が収録されている[1]。

　①　**件名標目**

　本表では，件名標目として認められている語（7,847件）はゴシック（太文字）で表示されている（3版と同じ）。以下に例をあげて説明する。

〔例1〕
　　医学者＊　⑧*490.28*　⑨*490.28*
　　　UF：医者
　　　TT：医学 7．科学者 30
　　　BT：医学．科学者
　　　RT：医師
　　　SA：個々の医学者名（例：**パスツール**）も件名標目となる。

〔例2〕
　　医師＊　⑧*498.14*　⑨*498.14*
　　　UF：医者
　　　TT：医学 7
　　　BT：医学
　　　NT：医事紛争

---

1) 他に，扱いの複雑な主題群の取り扱い指針を示す「説明つき参照」があるが，本書では説明を省略する。

RT：医学者

〔例3〕
　軍記物語＊　⑧*913.43*　⑨*913.43*
　　TT：日本文学 193
　　BT：物語文学
　　NT：平家物語
　　SA：その他個々の軍記物語名も件名標目となる。

〔例4〕
　情報センター＊　⑧*007.3；018*　⑨*007.3；018*
　　SN：この件名標目は，情報提供サービスを主業務とする機関に関する著作にあたえる。資料の収集を伴う**専門図書館**とは区別する。
　　UF：文献センター
　　TT：情報科学 121．図書館 183
　　BT：情報科学．図書館

〔例5〕
　絵入り本　⑧*022.39；726.5*　⑨*022.39；726.5*
　　SN：この件名標目は，挿絵を含む図書に対してあたえる。絵本には**絵本**をあたえる。
　　TT：図書館資料 184
　　BT：図書

　3版では「をも見よ参照」(「連結参照」)[1]が「→：」で表示されていた。これに対して，4版では「をも見よ参照」が分析され，「BT」「NT」「RT」「SA」に分けて表示されている。また，件名標目採用にあたっての留意点を示

───────────
1)　これについては，2章5節(3)c参照。

す注記が付されることが3版にもあったが，4版では「SN」(「限定注記」) として明確に位置づけられた。なお，シソーラスでは，従来より，「をも見よ参照」がこのように分析され細かく分けられてきた。BSHがシソーラス的とされるのは，シソーラスと同様な分析的手法を採用しているからである。以下，上例にある記号を説明する。

　i) 件名標目の用法や相互関連を示す記号

　UF: Used Forの略……「直接参照有り」，つまり「何々の代わりに使え」という意味。例えば，〔例1〕の「医学者」の所で使用されている。ここでこの記号は「医者という語は参照語としてあげてはあるが件名標目としては認められていない。医者という語の代わりに医学者を使えと」ということを指示している。この記号は〔例2〕の「医師」の所でも見られ，前例と同じように「医者の代わりに医師を使え」ということ指示している。3版の「を見よ参照有り」に該当する。

　BT: Broader Termの略……「上位語（標目）」（直近の上位概念）を示す。〔例1〕の「医学者」の所で見れば「医学者」の直ぐの上位語が「医学」または「科学者」であることが示されている。〔例2〕の「医師」の所でも同じように「医師」の直ぐの上位語が「医学」であることを示している。

　TT: Top Termの略……「最上位語（標目）」を指す。〔例3〕の場合，「軍記物語」という語の上位をたどると，最終的には「日本文学」にいたるということを意味している。なお，〔例1〕や〔例2〕や〔例4〕は，「BT」と「TT」が一致している例である。標目の後に付けられている数字は，階層構造標目表において最上位標目の何番目に出現するかを指示している。この数字は音順標目表から階層構造標目表への参照の際の手がかりとなる数字である。

　NT: Narrower Termの略……「下位語（標目）」（直近の下位概念）を示す。〔例2〕の「医師」では直ぐの下位語は「医事紛争」であることが示されている。

　RT: Related Termの略……「関連語（標目）」を示す。これは上位語でもなく下位語でもないが関連が深い語を結び付けるための記号である。〔例1〕の「医学者」では「RT」に「医師」があげられている。同じように〔例2〕の「医師」では「RT」に「医学者」があげられている。

3．統制語による検索　　　153

　SA：See Alsoの略……「参照注記」を示す。〔例1〕の「医学者」あるいは〔例3〕の「軍記物語」に付けられているように，下位語が数多くある時に，それらをまとめた形で件名標目として認められるものが示されている。

　SN：Scope Noteの略……「限定注記」といわれるものである。〔例4〕の「情報センター」，〔例5〕の「絵入り本」に見られるように，その件名標目のもつべき意味の範囲を示している。

　ⅱ）その他の記号

　件名標目の直ぐ後にある星印「*」……すでに3版にも採用されていた件名標目を意味する。例えば「医学者」「医師」「情報センター」「軍記物語」にはこの印が付いているが，「絵入り本」には付いていない。つまり「絵入り本」は4版から新しく件名標目として認められたものである。

　⑧または⑨……⑧の後にある数字は，その件名標目に該当する「NDC 8版」の分類記号を表し，⑨の後にある数字は同じく「NDC 9版」の分類記号を表している。

　② **参照語**

　本表では，件名標目として認められていない参照語（2,873件）は，明朝体（細文字）で表示されている（3版と同じ）。

〔例6〕
　　医者　→　**医学者．医師**

　→（矢印）の記号が，「直接参照」（「を見よ参照」）[1]を示す。〔例6〕では，「医者」は件名標目として認められていない参照語であり，「医学者」または「医師」を使えと指示している。参照先の件名標目は一つの場合もあれば，この例のように複数の場合もある。

　③ **細　目**

　件名作業にあたっては，当該資料の主題に"ジャスト・フィット"する件名標目[2]を付与することが求められる。例えば，「日本文学辞典」という主題（お

1）　これについては，2章5節(3)c参照。

よび形式)の資料を考えると,「日本文学」という件名標目ではこれに"ジャスト・フィット"しないので,「辞典」というニュアンスまで含んだ標目が必要である。しかし,「辞典」という形式の資料はさまざまな分野で刊行されるので,件名標目表にすべての「〜辞典」という標目を列挙しておくのが現実的ではない。

このような場合に対処するために,BSHでは,通常の件名標目とは別に「細目」を設けている。

〔例7〕
　　［辞典］〈一般細目〉
　　　　各言語,および各主題を表す件名標目のもとに,一般細目として用いる。
　　　　（例：**日本語―辞典. 英語―辞典. 数学―辞典**）

細目は,本表にあげられている件名標目に付加して,より対象資料にフィットする件名標目を合成するためのものである。本表では〔例7〕のように,［　］で囲んだ形式で表示されている。細目による合成には「―(ダッシュ)」の記号を用いる。例えば「日本文学辞典」であれば,本表にあげられた件名標目「日本文学」と細目「辞典」を組み合わせて,「日本文学―辞典」という件名標目を与えることとなる。なおこの際「日本文学」を,細目との対比で「主標目」と呼ぶ。この方式によって,さまざまな主題に"ジャスト・フィット"する件名標目を,統一された形式で(すなわち,さまざまな「辞典」に与える標目が「〜―辞典」という形となる),作成することができる。

細目は,その性質や使用範囲によって,いくつかの種類に分けられる。4版では,「一般細目」(どの件名標目にも原則として共通に使用できる細目),「分野ごとの共通細目」(各分野内で共通して使用できる細目),「言語細目」(言語名を表す件名標目に対して使用できる細目),「地名のもとの主題細目」(地名が主標目となる場合に使用できる細目),「地名細目」(主題を表す件名標目を

前頁2)　本章本節本項eの「特定記入の原則」の説明を参照。

地名で限定したい場合に使用される細目），「時代細目」（歴史を表す件名標目を時代で限定したい場合に使用される細目），「特殊細目」（ある特殊な主標目に対してのみ使用できる細目）の7種類がある。このうち，「分野ごとの共通細目」には(1)医学・薬学共通細目，(2)映画・演劇共通細目，(3)音楽共通細目，(4)会議共通細目，(5)科学共通細目，(6)芸術・文学共通細目，(7)工業・鉱業共通細目，(8)古典共通細目，(9)災害・戦争共通細目，(10)作品集成共通細目，(11)宗教共通細目，(12)商品・製品共通細目，(13)職業・資格共通細目，(14)生物・農業・畜産業共通細目，(15)美術・文化財共通細目，(16)文学形式共通細目があげられている。

　7種類のうち，〔例7〕のように本表に独立してあげられているのは「一般細目」「分野ごとの共通細目」「言語細目」「地名のもとの主題細目」の4種類で，これらについては細目を種類別にリストにした「細目一覧」も設けられている[1]。4種の細目の合計は169件で，3版と比べてかなり増やされている。本表の件名標目と同様，すでに3版からあった細目には，細目の後に「*」が付けられている。6-1表でいえば，音韻，解釈，会話が3版からあった言語細目となる。

　3）　**分類記号順標目表**　BSH 4版にはこの表について次のように記されている。「この表は，音順標目表に採録した全件名標目に，NDC新訂9版による最も詳細な分類記号をあたえ，これをその分類記号順に編成したものである。」（BSH 4版分類記号順標目表凡例1）「複数の分類記号があたえられている件名標目は，それぞれの位置に重出した。重出した分類記号は，それぞれの件名標目の末尾に付記してある。」（BSH 4版分類記号順標目表凡例2）

　「分類記号順標目表」の目的は，第1に件名標目の分類体系内における位置を確認できるよ

6-1表　細目一覧の例
（言語細目の一部）

アクセント
位相
意味論
音韻*
音声
解釈*
外来語
会話*

---

1)　「地名細目」については，別表「国名標目表」に国名のみがあげられ，他は収録を省略されている。「時代細目」「特殊細目」については，主標目と合成された形で，本表に収録されている。

6−2表　分類記号順標目表（一部）

	[002	知識．学問．学術]	
	002	学問	
		国際交流	
		国際文化交流	377.6
		人文科学	
		地域研究	
	002.7	情報利用法	007.1
	[007	情報科学]	
	007	情報科学	
	007.1	意味論	801.2
		エントロピー（情報科学）	
		音声処理	548.2

　　　　分類記号　　　　　件名標目　　　　　重出された分類記号

うにし，件名標目付与の参考に資すること，第2に分類作業をする時に同時に件名標目を見つける手助けとなること，第3に新しい件名標目を採用する際に体系的な位置づけを確認できるようにすること（つまり，新件名標目採用の参考に資すること）という三つである。

　この表は，3版では「分類体系順標目表」と呼ばれていたが，3版のものと比べて，内容面も形式面もあまり変わってはいない。ただし音順件名標目表に採用された件名標目が変わったのに伴って変化した箇所がある。**6−2表**に，「分類記号順標目表」の一部を例示した。

　4）**階層構造標目表**　　BSH4版にはこの表について次のように記されている。「この表には，音順標目表において採録した件名標目のうち，上位標目・下位標目を持つ件名標目を収録している。」（階層構造標目表凡例1）

　「階層構造標目表」では，最上位標目が五十音順に並べられ，これにその順番の番号が付与されている。各最上位標目の基に直近下位標目が五十音順に並べられ，さらにそれらの直近下位標目が五十音順に並べられ，ということが繰り返されて，階層構造が形成されている（次頁**6−3表**参照）。

　6−3表の目的は，件名標目として採用した語の上位，下位にどのような件名標目があるかをわかるようにし，件名標目付与の参考に資すること，新たに

件名標目として追加する語が生じた時に，その語にどのような連結参照を設けたらよいかを決定する時の参考に資することである。

c. 国立国会図書館件名標目表（NDLSH）

上で述べたBSHは広く一般的に使用されるための件名標目表（つまり標準件名標目表）であった。ここでは，特定の図書館での使用を前提とした件名標目表（つまり一館件名標目表）の日本における代表例として，「国立国会図書館件名標目表（National Diet Library List of Subject Headings: NDLSH）」を紹介する。この件名標目表の試案は1954年に提

6－3表　階層構造標目表（一部）

```
7 〈医学〉
医学
・医学教育
・医学者
・医学哲学
（この間は省略）
・医療施設
・・サナトリウム
・・診療所
・・精神病院
・・病院
・・・院内感染
・・・病院会計
・・・病院給食
・・・病院経営
・・ホスピス
・医療従事者
```

出され，1964年にこれの第1版が作成された。その後第5版まで冊子体で改定されてきたが，2004年にWeb上で2004年版が公開され，その後，2004年版追録，2005年版が公開され，現在(2006年)にいたっている。ここでは，まず，1991年に刊行された第5版の内容を簡単に紹介し，次いで，2005年版を紹介する。なお，第5版には「本表」とは別に「分類体系順」という別冊もあるが，ここでは本表のみに限定して紹介する。

「本表」は「序説」と「本表」から構成される。「序説」では本表の使用方法を中心に，標目の収録範囲，件数，構成，排列，標目の形式，分類記号，参照，注記，典拠レコード番号について述べられている。これには，国立国会図書館が，昭和24(1949)年から平成3(1991)年8月末までに和漢書に対して与えた件名標目，および昭和39(1964)年から平成3(1991)年8月末までに洋書に対して与えた件名標目のすべてが収録されている。収録件数は件名標目17,133件，参照語5,391件である。標目の排列は訓令式ローマ字のアルファベット順となっている。NDLSH5版の一部を次頁**6－5図**に示す。

次に2005年版をみる。検索エンジン（筆者はYahooを使用）から「国立国会図書館件名標目表」と入力して検索をすると次頁の**6－6図**が出る。そこで1

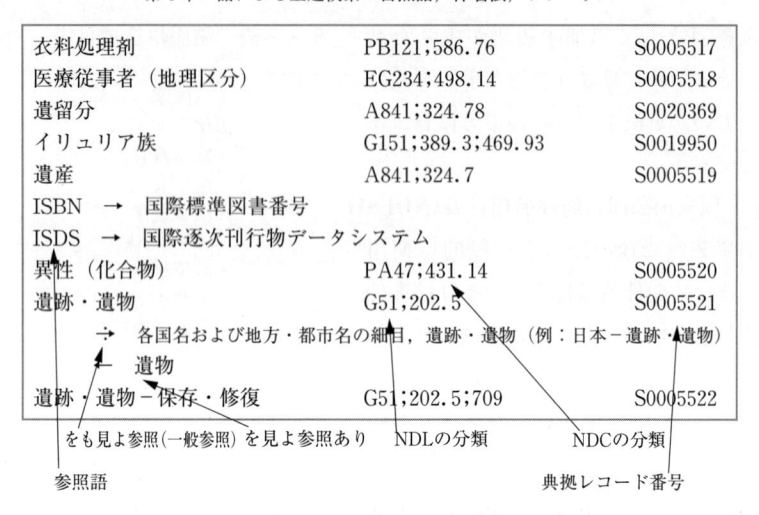

第6章 語による主題検索：自然語，件名法，シソーラス

衣料処理剤	PB121;586.76	S0005517
医療従事者（地理区分）	EG234;498.14	S0005518
遺留分	A841;324.78	S0020369
イリュリア族	G151;389.3;469.93	S0019950
遺産	A841;324.7	S0005519
ISBN　→　国際標準図書番号		
ISDS　→　国際逐次刊行物データシステム		
異性（化合物）	PA47;431.14	S0005520
遺跡・遺物	G51;202.5	S0005521
→　各国名および地方・都市名の細目，遺跡・遺物（例：日本－遺跡・遺物）		
←　遺物		
遺跡・遺物－保存・修復	G51;202.5;709	S0005522

をも見よ参照(一般参照)　を見よ参照あり　NDLの分類　　NDCの分類

参照語　　　　　　　　　　　　　　　　　　　　　　典拠レコード番号

6－5図　NDLSH 5版（一部）

6－6図　検索エンジンによる「国立国会図書館件名標目表」の検索結果その1

のサイトをクリックすると160頁の6－7図が出る。
　ここで例えば「ト」をクリックすると161頁の6－8図が表示される。
　6－8図からわかるように，この件名標目表もシソーラス化されている（これに対して，5版は伝統的な件名標目表の形式である）。構成は6－7図からわかるように「序説」「NDC新訂9版分類記号順排列表」と「五十音順排列表」からなる。標目としては国立国会図書館が昭和24(1949)年から平成18(2006)年3月までに使用したものを採用している。五十音順見出し数（標目お

よび参照語の総計）は36,922件となる。

「序説」は使用法を中心に，(1)件名標目表概略，(2)件名標目，(3)細目，(4)件名目録作業という構成となっている。なお，(1)件名標目表概略のところには，「記載事項」という項目があり，これによるとこの件名標目表の件名標目には，以下の情報が記載されていることがわかる。(1)国立国会図書館典拠ID，(2)件名標目（または「を見よ参照」）およびその読み，(3)区分指示（地理区分，主題区分），(4)「を見よ参照」およびその読み，(5)「をも見よ参照」およびその読み，(6)注記（「を見よ参照」注記，「をも見よ参照」注記，スコープノート），(7)代表分類記号。

排列については「NDC新訂9版分類記号順排列表」の方は日本十進分類法新訂9版の分類記号順，「五十音順排列表」の方は見出し語の五十音順となっている。関係を示す用語（UF，BT，NTなど）については本章本節本項bを参照。なお，研究用にテキストデータが提供されている。

d. 米国議会図書館件名標目表（LCSH）

「米国議会図書館件名標目表（Library of Congress Subject Headings：LCSH）」は当初，"Subject Headings Used in the Dictionary Catalogues of the Library of Congress"というタイトルで1908年から1914年にかけて刊行された。その後不定期に新しい版が刊行されたが，1975年の8版から現在のタイトルとなった（Library of Congress Subject Headings 17th ed. 1994. Introductionより）。その後版を重ね，2006年現在，累積版として29版が5冊本で刊行されている（原則として毎年改定）。また，Web上からもLCSHに接続することも可能である。サーチエンジン（筆者はYahooを使用）で"Library of Congress Subject Headings"と入力して検索をかけると161頁の**6－9図**の画面になる。次にサイトの4番をクリックすると162頁の**6－10図**になる。

この件名標目表は，米国議会図書館（LC）の資料の書誌レコードに主題によるアクセス・ポイント（標目）を与える目的のために，主題や形式を表す統制語を選択し，編成されたものである。LCのオンライン目録で主題検索をする際には，この件名標目表を使用することによって簡単に目的の資料を検索することができる。最近では他の図書館でも主題索引（件名索引）を作成する際にLCSHを使用することが多くなってきている（したがって，もともと「一館

6-7図　検索エンジンによる「国立国会図書館件名標目表」の検索結果その2

3．統制語による検索　　　　　　　　　　　　　　　　　　　　　　　*161*

```
ドウオンイギゴ        同音異義語
                    ID: 00577095
                    UF: 同音語[ドウオンゴ] ; ホモニム ; Homonyms
                    BT: 語彙[ゴイ]
                    SA: 主題細目「同音異義語」をも見よ(各言語を表す件名の細目として用いる。例:日本語―同音異義語)
                    NDC(9): 801.4
                    NDLC: KE88

ドウオンゴ          同音語
                    USE: 同音異義語[ドウオンイギゴ]

トウカ              灯火
                    ID: 00573164
                    BT: 照明[ショウメイ]
                    NT: ろうそく[ロウソク] ; ガス灯[ガストウ]
                    RT: ランプ ; ちょうちん[チョウチン] ; 灯籠[トウロウ]
                    SN: 火を使用した照明について使用。
                    NDC(9): 383.95
```

6－8図　検索エンジンによる「国立国会図書館件名標目表」の検索結果その3

```
1. Library of Congress Classification Outline 🔳 - このページを和訳
   Outline of the Library of Congress Classification (Cataloging Policy and Support
   Office) ... LIBRARY OF CONGRESS ...
   www.loc.gov/catdir/cpso/lcco/lcco.html - 2006年10月12日 - 4k - キャッシュ - このサ
   イト内で検索

2. Searching for Information: Library of Congress Subject Headings,
   Guide to Library Research 🔳 - このページを和訳
   Subject headings are listed in a five-volume manual called simply Library of
   Congress Subject Headings ("the big ...
   www.lib.duke.edu/libguide/fi_books_sh.htm - 2006年10月30日 - 12k - キャッシュ - この
   サイト内で検索

3. Library of Congress Subject Headings Principles and Policies 🔳 -
   このページを和訳
   Library of Congress Subject Headings - Principles of Structure and Policies
   for Application: Contents ...
   www.itsmarc.com/crs/shed0014.htm - 3k - キャッシュ - このサイト内で検索

4. Tools for Authority Control--Subject Headings 🔳 - このページを和訳
   Library of Congress Subject Headings, 29th edition (2006) - Order now, the
   price has not changed! ...
   www.loc.gov/cds/lcsh.html - 12k - キャッシュ - このサイト内で検索
```

　　　　　　　　　　　　　　ここをクリックする

6－9図　検索エンジンによる"Library of Congress Subject Headings"の検索結果その1

```
                Cataloging Distribution Service
              Bibliographic Products & Services from the Library of Congress

                    CDS HOME - What's New? - How to Order
                        CDS Products by: Title - Subject

              Tools for Authority Control--Subject Headings

        Cataloging Distribution Service offers these tools to help you with subject access:

        Library of Congress Subject Headings, 29th edition (2006) - Order now, the price has not changed!
        (28th edition, 2005, is now out of print)
        Classification Web - includes LC Subject Headings
        Free-floating Subdivisions: An Alphabetical Index, 18th edition (2006)
        LC Period Subdivisions Under Names of Places, 5th edition (1994)
        Subject Cataloging Manual: Subject Headings, 5th edition (1996) with Updates
        LC Subject Headings Principles of Structure and Policies for Application (1990)
        LC Subject Headings Weekly Lists on CPSO webpage
        MARC Distribution Service, Subject Authorities
```

ここをクリックするとオーダフォーム等への入り口が表示される

ここをクリックすると「Weekly List」へ接続する

6－10図　検索エンジンによる"Library of Congress Subject Headings"の検索結果その2

件名標目表」として作成されたLCSHは「標準件名標目表」となりつつあるといえる）。

　LCSHの冊子体版は，5冊の本表と，vol.1に含まれている索引（Free-floating subdivisions: an alphabetical index）からなる。なお，日々付け加えられる標目については"LC Subject Headings Weekly List on CPSO Webpage"を参照する。

　本表そのものは他の標目表と同じくシソーラス化されている。次頁の6－4表に示したとおりである。上位概念などの階層性，SAなどについてはBSH 4版と同じである。

e.　件名規程と件名作業

「件名作業」とは件名標目表を使用して資料に件名標目を与える作業のこと

6 - 4表　LCSHの例（一部）

Animal Psychology　(May Subd Geog)
[QL785]
- BT　Psychology
- RT　Animal Behavior
　　　Animal Intelligence
　　　Psychology, Comparative
- SA　*subdivision* Psychology *under individual animals and groups of animals, e.g.* Cattle--Psychology; Fishes--Psychology

- NT　Animal Memory
　　　Animal psychopathology
　　　Consciousness in animals
　　　Extrasensory perception in animals
　　　Time perception in animals

Animal Rescue
- UF　Rescue of animals
- BT　Animal Welfare
- NT　Dog rescue
　　　Wildlife rescue

Animal respiration
- USE　Respiration

Animal restraint
- USE　Restraint

Animal rights　(May Subd Geog)
[HV4701-HV4959]
　　Here are entered works on the inherent rights attributed to animals. Works on the protection and treatment of animals are entered under Animal welfare.
- UF　Animal liberation
　　　Animals' rights

である。件名作業を行う際には，件名標目表の使い方の約束事を記した「件名規程」が必要になる。これによって一貫した件名標目の付与が可能になる。この点，分類表に「分類規程」が必要であったのとまったく同じである。

件名作業は，対象資料の「主題分析」により主題を明確に把握し，明確に把握した主題に対して，件名規程を参考にしながら，件名標目表より適切な件名標目を選択し，これを対象資料（の書誌情報）に付与するという一連の作業か

らなる。このうち，主題分析については，すでに，4章2節や5章7節(1)で扱っているので，ここでは触れないことにする。ここでは，日本の標準的な件名標目表であるBSHの使用を前提として，件名規程について簡単に紹介したい。すなわち，件名規程には，当該件名標目表においてある程度は一般的に適用できる「一般件名規程」と，件名標目表のある部分にしか適用できない「特殊件名規程」があるのだが，ここでは前者を取り上げ，それも2点に絞って記したい。なお，件名規程（や件名作業）の詳細については，本シリーズ第10巻の『資料組織演習』を参照されたい。

一般件名規程として有名なものに「特定記入（specific entry）[1]の原則」というものがある。これは，対象資料の主題などに特定的（"ジャスト・フィット"する）件名標目が付与されねばならないという原則である。既述の例だが，「日本文学辞典」という主題（および形式）の資料に件名標目を与える場合を考える。この場合，BSHの本表によれば「日本文学」という件名標目を与えることになる。しかし，この件名標目では「辞典」というニュアンスが出ず，この件名標目は「特定的」とはいえない。一方，細目（一般細目）として「辞典」という語が用意されていることが本表もしくは細目一覧からわかる。この場合，「特定記入の原則」によれば，「日本文学」にこの語を付加して，「日本文学―辞典」という特定的な件名標目を合成し，これを「日本文学辞典」という主題（および形式）の資料に付与すべきということになる。

件名標目は対象資料に必要な数だけ与えねばならないという規程も重要である。例えば，「柔道と空手」という主題の資料の場合，「柔道」という件名標目と「空手」という件名標目の両方を与えねばならない（BSHでは，この両者とも件名標目として記載されている）。

(3) シソーラス

a. シソーラスとは

「シソーラス（thesaurus）」は，件名標目表と同じく統制語彙表（語の使用方法に関するルール・ブック）であるが，これは件名標目表よりも語の概念を

---

1) これは「特殊記入」と訳されることも多い。

細かく統制し，語と語の関係を細かく定義したものといえる。なお，件名標目表の「件名標目」に該当する語を，シソーラスでは，一般に「ディスクリプタ」と呼んでいる。

　昨今では件名標目表も，語が細かく統制されるようになり，シソーラス化してきている。ある意味では両者の違いがなくなってきている。しかし，件名標目表には，全分野を対象とする「一般件名標目表」というものがあるが（今まで紹介してきたBSH，NDLSH，LCSHはすべて一般件名標目表である），シソーラスには，通常，"一般シソーラス"というものは存在せず，これは基本的に特定の分野を対象とするものである。また，両者のより本質的な違いとして，件名標目表は「事前結合索引法」に用いられるためのものであり，シソーラスは「事後結合索引法」に用いられるためのものであるという点をあげることができる。それゆえ，件名標目表は「主標目」と「細目」を結合することを想定した構造になっているのに対して，シソーラスは，そのようなことを想定した構造になっていない（したがって，これには，通常，「細目表」は用意されていない）。なお，事前結合索引法，事後結合索引法については4章5節を参照されたい。

　シソーラスの語源はギリシア語やラテン語の知識の宝庫というような意味をもつ語にある。1852年に，Peter Mark Roget（英国）がその語を使用して"Thesaurus of English words and phrases"というものを刊行しているが，これは英語の類語辞典である。その後1957年にHans Peter Luhn（米国）が類語辞典の考え方を情報検索の世界へ応用して，ここで説明するようなシソーラスを作成した。その後，さまざまな分野でさまざまなシソーラスが作成され，今日にいたっている。なお，1974年には，ISO2788「単一言語シソーラスの作成と開発のための指針（Guidelines for the Establishment and Development of Monolingual Thesauri）」が制定され，1986年にはこれが改定されている。

b. JICST（JST）科学技術用語シソーラス

　「JICST（JST）科学技術用語シソーラス」は「独立行政法人科学技術振興機構（Japan Science and Technology Agency：JST）」が提供している「JDreamII」という主に科学技術系のデータベースに使用されているシソーラスである。1975年に初版が，1978年に第2版が刊行され，2006年現在の最新版

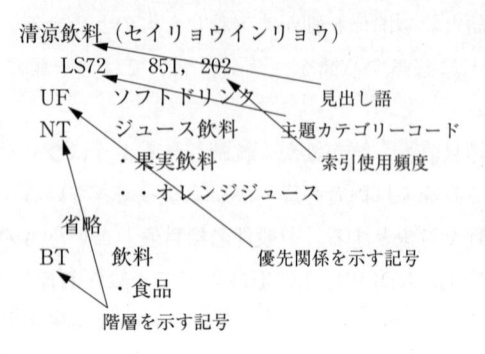

```
              清涼飲料 (セイリョウインリョウ)
         LS72   851, 202
         UF    ソフトドリンク        見出し語
         NT    ジュース飲料         主題カテゴリーコード
              ・果実飲料          索引使用頻度
              ・・オレンジジュース
         省略
         BT    飲料              優先関係を示す記号
              ・食品
              階層を示す記号
```

6-11図 JICST（JST）科学技術用語シソーラスのディスクリプタの例

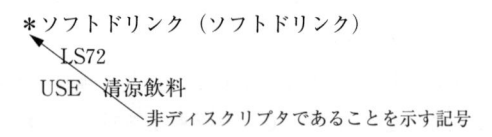

```
         ＊ソフトドリンク（ソフトドリンク）
          LS72
         USE  清涼飲料
                非ディスクリプタであることを示す記号
```

6-12図 JICST（JST）科学技術用語シソーラスの非ディスクリプタの例1

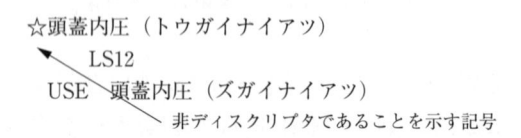

```
         ☆頭蓋内圧（トウガイナイアツ）
          LS12
         USE  頭蓋内圧（ズガイナイアツ）
                非ディスクリプタであることを示す記号
```

6-13図 JICST（JST）科学技術用語シソーラスの非ディスクリプタの例2

は，1999年に刊行された第6版である。なお，このシソーラスはもともと，「科学技術振興事業団科学技術事業本部（Japan Science and Technology Cooperation, Information Center for Science and Technology : JICST）」が作成していたので，長らく「JICST科学技術用語シソーラス」と呼ばれていたが，近年の組織改革により，科学技術振興事業団は独立行政法人科学技術振興機構（JST）となり，現在は，「JICST（JST）科学技術用語シソーラス」と呼ばれている（最近では，「JST科学技術用語シソーラス」と呼ばれることもある）。

　このシソーラスはJDreamIIの索引（検索）ツールとしてだけではなく，いろいろなデータベースを作成する際の索引ツールとしても大変有効である。その構成は「シソーラス本編」「主題カテゴリー別索引（別冊）」「物質慣用名-

ディスクリプタ対応リスト」（本編に含まれる）からなる。ここでは本編のみの紹介とする。

本編の見出し語は，数字で始まる見出し語，アルファベット表記の見出し語，日本語表記の見出し語の順に排列される。その際，数字で始まる見出し語は数字の順，アルファベット表記の見出し語はアルファベット順，日本語表記の見出し語はフリガナの五十音順に排列される。

見出し語は「ディスクリプタ」と「非ディスクリプタ」（件名標目表でいうところの「参照語」に相当するもの）からなる。ディスクリプタには階層関係が表示され，概念統制（「スコープ・ノート」）などが付けられている（前頁6－11図参照）。この点は，BSH 4版の件名標目と同じである。

非ディスクリプタは2種類ある。一つは，見出し語の前に＊印が付けられているものであり（前頁6－12図参照），これが圧倒的に多い。もう一つは見出し語の前に☆印が付けられているものであり，慣用されている読みが複数ある場合に，いずれの読みからでも検索できるようにするためのものである（前頁6－13図参照）。これの数は少ない。

最後に，このシソーラスの最新のものは，インターネット経由で利用することができることを付け加えておく。

c. その他のシソーラス

イギリス規格協会が1977年に"English Language Agency"を設置し，ここが「ROOTシソーラス」を作成した。「日本工業規格（JIS），日本農林規格（JAS），国内団体規格が実際にROOTシソーラス英語版を使用してインデクシングした結果，インデクシング及び検索の正確性，整合性において良好であった」（ROOTシソーラス1991年版"はじめに"）等の理由でROOTシソーラスは翻訳され，これの日本語版が刊行された。

このシソーラスの特徴は，分類表的な構造を有するという点にある。すなわち，4章3節や5章3節(2)で紹介したファセット分析の考え方を導入して，採録した語を分類し，これに分類記号（アルファベットの大文字）を付与し，分類順（体系順）に語を排列しているのである。分類表に索引（相関索引）が必要であったことからも理解できるように，このような排列をした場合，索引が必要になるので，これには索引編が付いている。こちらの方は，分類表の相関

ここをクリック

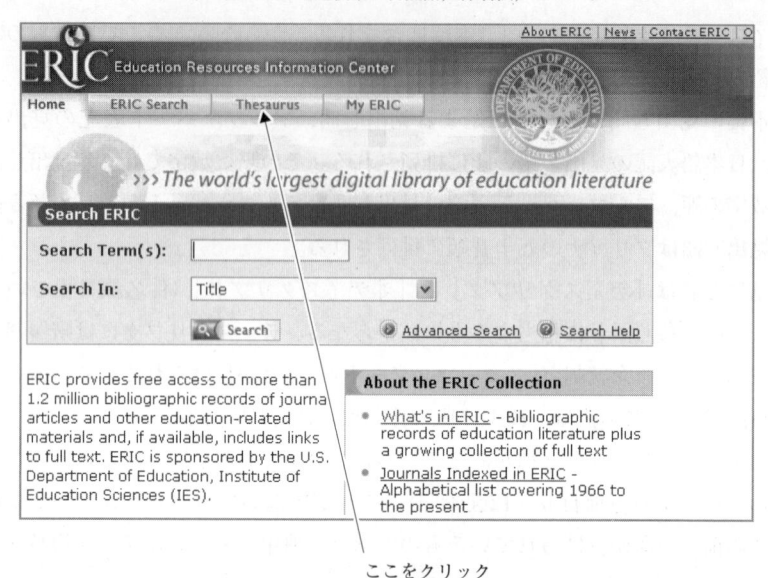

6-14図　ERICのホームページ

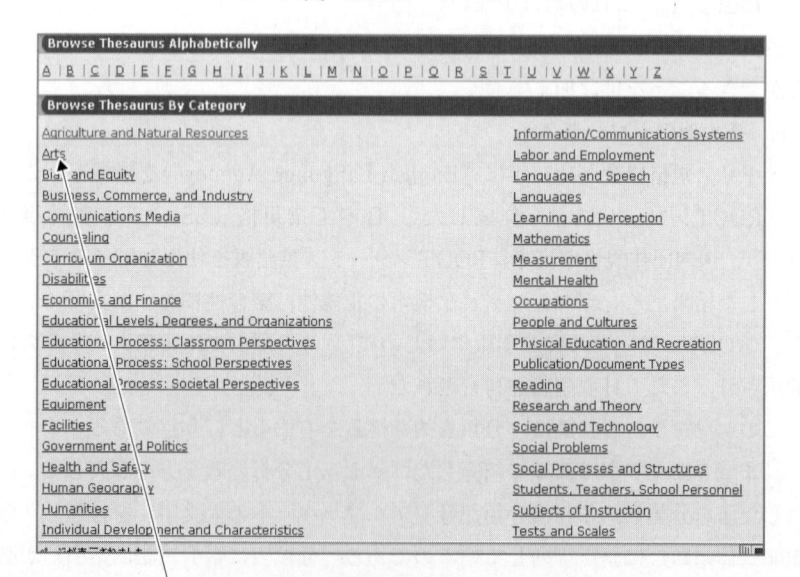

ここをクリックすると次の画面になる

6-15図　ERICのカテゴリ表示画面

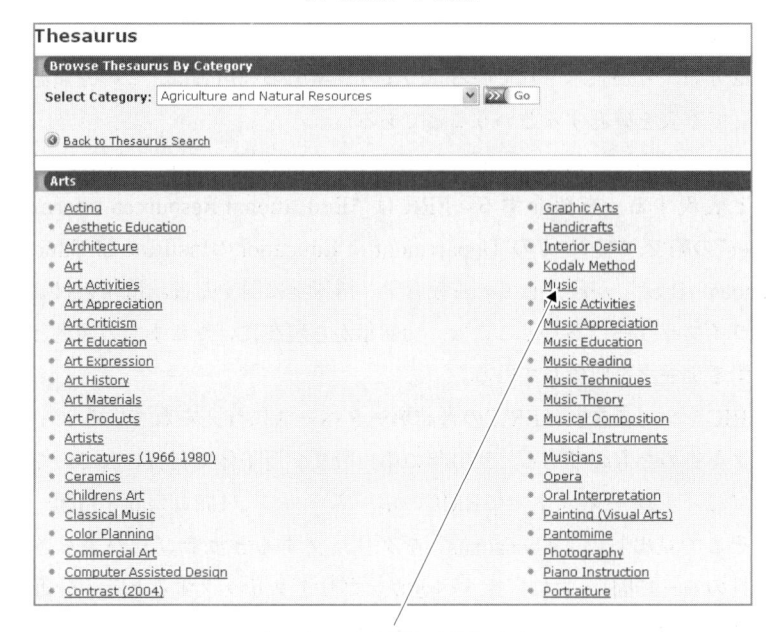

3．統制語による検索

Thesaurus

Browse Thesaurus By Category

Select Category: Agriculture and Natural Resources [Go]

Back to Thesaurus Search

Arts

- Acting
- Aesthetic Education
- Architecture
- Art
- Art Activities
- Art Appreciation
- Art Criticism
- Art Education
- Art Expression
- Art History
- Art Materials
- Art Products
- Artists
- Caricatures (1966 1980)
- Ceramics
- Childrens Art
- Classical Music
- Color Planning
- Commercial Art
- Computer Assisted Design
- Contrast (2004)
- Graphic Arts
- Handicrafts
- Interior Design
- Kodaly Method
- Music
- Music Activities
- Music Appreciation
- Music Education
- Music Reading
- Music Techniques
- Music Theory
- Musical Composition
- Musical Instruments
- Musicians
- Opera
- Oral Interpretation
- Painting (Visual Arts)
- Pantomime
- Photography
- Piano Instruction
- Portraiture

ここをクリックすると次の画面になる

6－16図　ERICのディスクリプタ表示画面

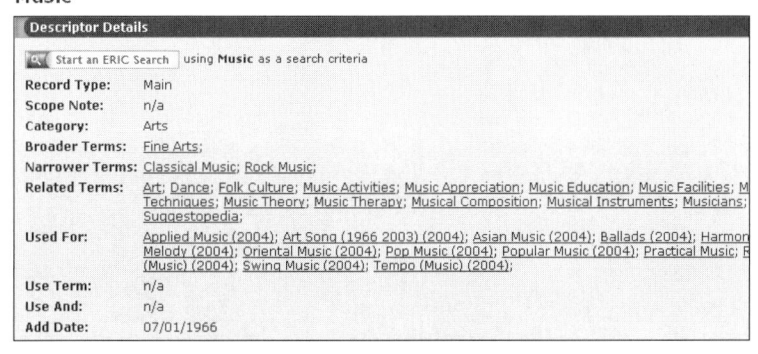

Music

Descriptor Details

Start an ERIC Search using **Music** as a search criteria

Record Type:	Main
Scope Note:	n/a
Category:	Arts
Broader Terms:	Fine Arts;
Narrower Terms:	Classical Music; Rock Music;
Related Terms:	Art; Dance; Folk Culture; Music Activities; Music Appreciation; Music Education; Music Facilities; M Techniques; Music Theory; Music Therapy; Musical Composition; Musical Instruments; Musicians; Suggestopedia;
Used For:	Applied Music (2004); Art Song (1966 2003) (2004); Asian Music (2004); Ballads (2004); Harmon Melody (2004); Oriental Music (2004); Pop Music (2004); Popular Music (2004); Practical Music; R (Music) (2004); Swing Music (2004); Tempo (Music) (2004);
Use Term:	n/a
Use And:	n/a
Add Date:	07/01/1966

6－17図　ディスクリプタの詳細情報表示画面

索引と同じく，語が五十音順（英語版はアルファベット順）に並んでおり，各語には分類記号が表示されている（つまり，索引の利用者は，この分類記号を利用して本表を確認するということである）。

　もう一つ米国の"Thesaurus of ERIC Descriptors"（以下「ERICシソーラス」と表現する）を紹介する。ERICは"Educational Resources Information Center"の略で，アメリカの"Department of EducationのInstitute of Education Sciences（IES）"が設立している教育学と情報学に関する書誌情報を収集しているライブラリーである。ここは，1966年から現在にいたるまでの図書と雑誌に関するデータを収集している。

　「ERICシソーラス」はERICの書誌データベースに与えられているディスクリプタを集めたものである。2001年の第14版まで冊子体で刊行されていたが，現在ではインターネット上でERICのホームページ（168頁の **6 - 14図**）に入り，そこで見出しの"Thesaurus"をクリックするとカテゴリが表示される（168頁の **6 - 15図**）。次に，探すべきカテゴリをクリックするとその分野のディスクリプタが表示される（169頁の **6 - 16図**）。さらに求めるディスクリプタをクリックすると，そのディスクリプタに関する情報が表示される（169頁の **6 - 17図**）。

第7章 書誌コントロール

1. 書誌コントロールの意義

(1) 書誌コントロールとは

「書誌コントロール(書誌調整)(bibliographic control)」について,米国図書館協会の『ALA図書館情報学辞典』は次のように定義している[1]。

> 以下のような書誌的な一連の活動を包含する用語。刊行される書誌的対象資料の完全な書誌レコード,書誌記述の標準化,事業体やネットワークあるいはその他の共同コンソーシアムを通した物としての資料に対するアクセスの提供,総合目録および主題別書誌の編纂と頒布,および書誌情報サービス・センターによる書誌的なアクセスの提供。

また,わが国の『図書館情報学用語辞典』では,次のように述べている[2]。

> 資料を識別同定し,記録して,利用可能な状態を作り出すための手法の総称。書誌調整ともいう。(中略)各館における資料組織化処理から始まって,国家や国際的な規模で標準的な書誌的記録を作成し,共同利用するための仕組みに至るまでの全体を書誌コントロールという。(後略)

これは広範な事象を包含する用語であるが,まず本書でここまで述べてきたような「資料組織活動」がその範囲内に収まること,そのなかでも書誌情報の作成が中心となること,そして国際的規模を含む複数のレベルでの「標準化」が大きなキーワードであること,が理解できよう。

図書館の役割は「資料・情報と利用者を結ぶ」ことだとよく言われる。一方,書誌コントロールは資料・情報 (一次情報) に対応する「二次情報」(書

---

1) Young, H. ed., 丸山昭二郎ほか監訳. ALA図書館情報学辞典. 丸善, 1988. p.113. (原著の発行は1983)
2) 日本図書館情報学会用語辞典編集委員会編. 図書館情報学用語辞典. 第2版. 丸善, 2002. p.109.

誌情報)を整備する営為といえる。利用者が資料を発見・入手するためには，こうした営為は欠かせない。したがって，書誌コントロールは図書館の役割に深く関わる活動といえる。

ところで，図書館における資料組織とその標準化というとらえ方をすると，所蔵資料に対する「目録」が念頭に置かれることになろうが，書誌コントロールの対象は図書館資料にとどまらない。上述の定義にも出てくる「主題別書誌」や，雑誌・新聞の「記事索引」等の作成，あるいは「引用文献」の表記の統一といったことも書誌コントロール活動の対象範囲となる[1]。

(2) 書誌コントロールのレベル

a.「単位レベル」の書誌コントロール

図書館などの個々の機関内での書誌コントロールのレベルを「単位レベル」と称する。各図書館における資料組織活動がその典型である。他機関とは関わりなく，各館内で作成する目録情報であっても，品質の一貫性・信頼性を保つには，規則細部の適用ルールなど，館内での「標準化」の意識は不可欠である。

b.「複合レベル」の書誌コントロール

今日では，単館だけで利用者を満足させるのは不可能であり，図書館間の協力・連携(図書館ネットワーク)が必須となっている。したがって，書誌コントロールにおいても，機関を越えた視野が欠かせない。機関を越えた書誌コントロールのレベルを「複合レベル」と称する。これには，地域レベル，国レベル，国際レベルという三つのレベルが考えられる。複合レベルの書誌コントロール活動は，次の二つの側面に整理できる。

一つは，書誌情報の網羅的な作成・流通である。世界中にあるすべての図書や文献を確実に収録した「世界書誌」や「世界目録」を求めるのは，素朴だが当然の夢である。そのためには，すべての資料について書誌情報が作成されなくてはならないが，作成漏れを防ぐには分担や責任に関する調整(コントロール)が必要となる。

---

1)「書誌」や「索引」については，1章5節(1)参照。

もう一つは，書誌情報作成に関わる規則の標準化である。完全な「世界目録」ができるかどうかは別としても，作成された書誌情報を流通させるためには，規則の統一あるいは互換性の確保が欠かせない。

2. 書誌コントロールの歴史

2章および5章で，目録法および分類法の歴史にふれている。ここではそれらとあまり重ならないように注意しつつ，国際レベルの活動を中心に，書誌コントロールの歴史について述べる。

(1) 前 近 代

書誌・目録編纂の歴史は古代のエジプトや中国に遡ることができるが，本項では近世の2例を紹介する。グーテンベルクによる活版印刷術の発明（1450年ごろ）から約1世紀を経た1545年，スイスのゲスナー（Gesner, C.）が『世界書誌（Bibliotheca Universalis）』を編纂した。これはヨーロッパ文化圏に限定されてはいるが，書名どおり網羅的書誌をめざし，約12,000点の書誌情報を収録している。一方中国では清朝・乾隆帝時代の1782年，一大叢書「四庫全書」の編纂過程で『四庫全書総目提要』が刊行された。これは当時の世界観の中で網羅性をめざした解題書誌であり，約10,000点の書誌情報を収録している。

(2) 世界書誌と「ドキュメンテーション」

近代に入って，ベルギーのオトレ（Otlet, P.）とラ・フォンテーヌ（La Fontaine, H.）は1895年に「国際書誌協会（Institut International de Bibliographie: IIB）」を設立し，全世界の文献情報（図書だけでなく雑誌論文なども含む）をカード形式の索引に集成する事業をはじめた。事業は文献量の著しい増大と第一次世界大戦によって途絶するが，この索引のために作られた「国際十進分類法（UDC）」は，現在も国際的標準分類の一つとして維持されている。

IIBはその後「国際ドキュメンテーション連盟（Federation International de Documentation: FID）」に発展し，20世紀を通じて活動を続けた[1]。「ドキュメンテーション」は，科学技術分野を中心とする専門文献の情報管理に対して

使われるようになった語で，今日の「情報学（information science）」の源流でもある。

（3）　全国書誌の作成と書誌情報の流通

オトレらの本来の目的の挫折は，集中作業による「世界書誌」「世界目録」の作成がもはや不可能であることを示した。20世紀の国際書誌コントロール活動は，規則の標準化や交換用フォーマットの開発を主眼とし，実際の書誌情報作成については，各国の書誌コントロール機関（普通は国立図書館）の努力に委ねられるようになった。すなわち，各国の国立図書館などで，その国の出版物を網羅した書誌である「全国書誌（National Bibliography）」を国際標準に準拠して作成することで，そこに記載されている書誌情報を国際的に利用可能にしようというわけである。これにより，実質的には，世界書誌が作成されたのと同じ効果を得ることができる。

a.　全国書誌

納本制度によって国立図書館に収集された資料を対象とする定期的（カレント）な全国書誌は，1811年にフランスで刊行を開始した"Bibliographie de la France"にはじまる。その後19世紀末から1930年代にかけてイタリア，ドイツ，ソビエトなどでも全国書誌の編纂が開始された。イギリスはむしろ遅く，ようやく1950年に，『英国全国書誌（British National Bibliography：BNB）』を創刊した。わが国の国立国会図書館（NDL）は，1948年に「納本月報」の刊行を開始し，これは「国内出版物目録」（1949-1955），「納本週報」（1956-1980）と改称され，1981年から現行タイトルの「日本全国書誌」となっている。なお，定期的な全国書誌刊行以前の資料について，遡及的に書誌を作成・刊行することも，各国で積極的に行われている。

他国とやや異なる方針をとったのは米国である。次項に述べる印刷カード事業に関わって，1947年から議会図書館（LC）の目録が刊行されるが（タイトルは数度変遷），その対象は米国内の刊行物だけでなくLC所蔵の外国資料も含んでいた。さらにこれは，1956年から，LCの所蔵資料だけでなく，米国・カ

前頁1）　1990年代に入って「国際情報ドキュメンテーション連盟」と改称したが，2002年に活動を停止した。

ナダの主要図書館の収集資料をも加えた国レベル（正確には北米レベル）の総合目録，"National Union Catalog" に発展した。その後1960年代に入ると，MARCフォーマットが誕生し，全国書誌は（冊子体での出力が残るにせよ）MARC形式で管理されるようになった。

b. 印刷カード

1901年，米国のLCが「印刷カード頒布サービス」を開始した。これは，LCの専門家が作成した詳細な目録記入（目録カード）を全国の図書館に配布するもので，各図書館の目録作業の効率化と目録の標準化に，大きく貢献した。印刷カード事業は，米国以外の国でも行われており，例えば日本では，1950年にNDLがサービスを開始した。なお，MARCの普及とともに，印刷カードの需要は急速に減少し，LCは1997年，NDLは1998年に，印刷カード事業を中止している。

（4） 国際書誌コントロール活動

a. IFLAの書誌コントロール活動

各国で作られた全国書誌を交換して役立てるには，規則の標準化や交換用フォーマットの開発が欠かせない。こうした標準化活動に特に大きな役割を果たしているのは，国際図書館連盟（IFLA）である。

1927年に発足したIFLAは，間もなく目録法の標準化を企図するが，この企画は第二次世界大戦によって中断され，本格的な標準化活動が始まったのは戦後の1950年代になってからであった。この活動は，2章6節(1)bで述べたように，パリ原則とISBDに結実していった。

1974年には，コア・プログラム「国際書誌コントロール（Universal Bibliographic Control : UBC）」が発足し，IFLAの書誌コントロール活動はこの枠組みで行われるようになった。1970年代のUBCの活動で特に重要なものは，「ISBD」の制定と後述の「UNIMARC」フォーマットの開発である。その後1987年に，UBCはコア・プログラム「国際書誌コントロール・国際MARC（Universal Bibliographic Control and International MARC : UBCIM）」となった。

1990年代以降，UBCIMでは，ISBDやUNIMARCの維持・改訂活動が続けられる一方，「FRBR」（2章4節(4)b参照）など，従来の目録法の枠組みを見直

す活動も活発に行われている。なお，UBCIMは2003年に活動を停止し，その役割はIFLAと「国立図書館長会議（Conference of Directors of National Libraries：CDNL）」との協力組織である「書誌標準に関するIFLA–CDNL同盟（IFLA–CDNL Alliance for Bibliographic Standards：ICABS）」に引き継がれた。

2006年現在，IFLAには，全部で八つ設けられた「部会」の一つとして「書誌調整部会（Division of Bibliographic Control）」があり，傘下に「書誌（Bibliography）」「目録（Cataloguing）」「分類・索引（Classification and Indexing）」「ナレッジ・マネジメント（Knowledge Management）」の4分科会（Section）がある。このうち，目録分科会では，「国際目録原則」（2章5節(4)参照）が検討されている。これは，FRBRと同様，従来の目録法の枠組みを見直すものである。

b. その他の国際書誌コントロール活動

国連の専門機関であるユネスコ（UNESCO）は，1973年に「世界科学情報システム（United Nations Information System in Science and Technology：UNISIST）」計画を発足させた。この計画には科学技術情報に関わる書誌コントロールが含まれ，これに基づいて「ISSN（国際標準逐次刊行物番号）ネットワーク」などの活動が行われている。

また，標準規格を定める国際機関である「国際標準化機構（International Organization for Standardization：ISO）」には，情報技術を扱う技術委員会「TC 46」があり，書誌コントロールに関わるいくつかの標準が国際規格となっている。

3．書誌コントロールに関わる諸活動と成果

（1） 書誌情報の作成と流通

a. 『日本全国書誌』：全国書誌の一例として

「国立国会図書館法」では，国内刊行物の網羅的収集・保存を裏打ちする法定納本制度を定める一方，館長に対して「一年を越えない定期間毎に，前期間中に，日本国内で刊行された出版物の目録又は索引の出版を行うこと」を義務

づけており（第7条），国立国会図書館（NDL）が一国の書誌コントロール機関としての責任を追うべきことは，法的にも規定されている。

全国書誌に求められる要件には，収録の網羅性，データの詳細性・信頼性，作成の迅速性などがあるが，とりわけ網羅的な収録が重要である。『日本全国書誌』は，官庁出版物や自費出版など市場で流通していない資料もできる限り収録している。また，収録媒体を次第に拡大しており，1999年からは，マイクロ資料，パッケージ系資料，静止画資料，録音資料などを，2003年からは，さらに一枚ものの楽譜・地図，音楽録音資料，映像資料を，収録対象に加えている。この結果，2004年を例にとると，出版業界の把握する新刊書籍数約77,000件に対して，この年の『日本全国書誌』収録数は約157,000件となっている。

書誌情報の提供媒体としては現在，①NDL-OPAC，②J-BISC，③冊子体『日本全国書誌』，④PDF版『日本全国書誌』，⑤加工用電子ファイル，がある。NDLでは，①のOPACを書誌情報公開の基幹媒体としている。②は，書誌情報をCD-ROMなどの媒体に収めて検索機能付きで頒布するものである。③④の『日本全国書誌』（内容は同じ）は速報媒体と位置づけられ，一部の情報が省略されている。⑤はMARCフォーマットでデータを一括提供するためのものである。

b. 国内書誌コントロールをめぐる問題

全国書誌の作成を中心とする国内書誌コントロール活動は各国で行われているが，対象となる資料はますます増大・多様化し，納本制度に支えられた国立図書館といえども，一館だけで全責任を果たすことは難しくなっている。こうした状況のなか，米国議会図書館（LC）は，1977年に「名称典拠共同プログラム（Name Authority Cooperative Program: NACO）」を開始し，他の図書館との協力による典拠ファイルの共同作成に踏み切った。その後，このプログラムは書誌レコードなど他の分野にも拡大され，1995年からは「共同目録プログラム（Program for Cooperative Cataloging: PCC）」という枠組みとなり，参加館を海外まで拡大している。

今日では情報機器の発達によって，小部数の出版物を比較的安価に作れるようになり，一部でしか流通しない出版物が急速に増えてきている。このことからもわかるように，集中処理方式のみの書誌コントロールには無理があり，地

```
Library of Congress Cataloging-in-Publication Data
Chan, Lois Mai.
  Cataloging and classification: an introduction / Lois Mai Chan.—
2nd ed.
     p.    cm.
  Includes bibliographical references and index.
  ISBN 0-07-010506-5 (alk. paper)
  1. Cataloging—United States.    2. Classification—Books.
I. Title.
Z693.5.U6C48      1994                              93-22606
025.3—dc20
```

7－1図　CIPの例（LC）

域・分野による役割分担や，膨大な総合目録データベースを抱える書誌ユーティリティ（3章3節(2)参照）などとの連携が避けて通れない状況にある。

さらに，急激に膨張するネットワーク情報資源に対応するため，全国書誌の延長線上の事業として，国内のウェブ・ページを網羅的に収集する「ウェブ・アーカイビング」に取り組む国立図書館が出てきている。わが国でもNDLが2002年から，限定的な範囲ではあるが，選定されたウェブ・ページ群（公的機関を中心とする）を定期的に収集・保存する「インターネット資源選択的蓄積事業（Web Archiving Project：WARP）」に取り組んでいる[1]。こうした事業においては単にページを集めるだけではなく，適切なメタデータの付与が問題となる。

c．CIP（Cataloging In Publication）

海外の図書には**7－1図**のように，標題紙裏などに書誌情報が刷り込まれていることが多い。これは出版業界と全国書誌作成機関（国立図書館等）との協力作業によるものである。具体的には，出版社が校正刷り段階の原稿を全国書誌作成機関に送り，ここが，この原稿によって一定の書誌情報を作成し，出版社が出版物にその情報を刷り込むというものであり，これは「CIP」と呼ばれる。最終段階で異同の起こりやすい出版や形態に関する事項等は除かれている

---

[1]　正式の事業化は2006年で，それまでは「……蓄積実験事業」の名称であった。

が，目録作業の効率化・標準化に非常に役立っているものである。

CIP事業は，1971年に米国のLCが開始した後，今日では多くの国に普及しているが，残念ながら日本では，実施されていない。

d. 書誌情報の相互利用性

各国で責任をもって作成された全国書誌を集積する，もしくは横断的にこれを検索できるようにすることで，現代における「世界書誌」「世界目録」が構築される。本書の各章および次項で述べる各種の国際的標準化はこれを保証するためのものである。ISBDなどの国際標準を基礎に，自国特有の出版事情などを考慮した目録規則を作って「全国書誌」を構築していけば，書誌情報は相互に理解可能なものとなる。

ただ，記述（書誌記述）はそれでよいが，標目（典拠レコード）については問題が残っている。例えば村上春樹の小説はさまざまな国で翻訳出版されているが，各国の全国書誌では，それぞれの規則に従った標目形（その国の利用者に最も使いやすい形）が付与されており，「世界目録」でも集中機能を求めるならば，国際レベルでの標目形の統一が必要になる。この点に関して2003年から，米国議会図書館・ドイツ図書館等による「バーチャル国際典拠ファイル（Virtual International Authority File：VIAF）」計画が進められている。この計画では著者名を中心とする名称典拠について，単純な統一（例えば日本人なら日本語形を優先）が世界のすべての利用者を満足させるものには必ずしもならない点を考慮し，各国の典拠レコードを相互にリンクしあった状態で並列的に維持する仕組みが模索されている。

同様に，主題標目（分類，件名）の相互変換も必要であるが，扱われる概念が同一でない場合などもあり，名称典拠よりもはるかに困難である。なお，これに関連しては，「BSO」という索引言語間の変換用言語が，一応開発されている（これについては次項cでも触れる）。

（2） 書誌コントロールに関わる国際標準

すでに各章で述べたものが中心となるが，事項別に各種の国際標準を列挙する。

a. 記述目録法

記述（書誌記述）については，IFLAによるISBDが詳細で，各国の目録規則の基礎となっている。標目（名称典拠）については，1961年のパリ原則のほか，IFLAは「典拠レコードと参照に関するガイドライン（Guidelines for Authority Records and References: GARR）」（2001年に2版）も作成している。

b. MARCフォーマット

MARCフォーマットの外形式（レコードの構造）については，ISO2709「情報交換用フォーマット（Format for Information Exchange）」（1996年に3版）が国際標準である。内形式についての国際標準には，IFLAによる「UNIMARC」があり，書誌レコード用フォーマットが1977年（1980改訂）に，典拠レコード用の「UNIMARC/Authorities」が1991年に作られている。各国の全国書誌作成機関は，国内フォーマットとUNIMARCの相互変換を行うことが求められている。ただ，米国のUS/MARCとカナダのCAN/MARCを統一して1999年に誕生したMARC21フォーマットが，21世紀に入って英国やドイツでも相次いで採用されており，必ずしもUNIMARC経由の交換という構図ではなくなってきている。

c. 主題目録法

シソーラスに関しては，ISO2788「単一言語シソーラスの作成と開発のための指針（Guidelines for the Establishment and Development of Monolingual Thesauri）」（1986年に2版）があり，別に多言語用のISO5964（1985）もある。これらはシソーラスの構築法についての国際標準といえる。分類法・件名法については，IFLAによる「件名典拠記入および参照記入のためのガイドライン（Guidelines for Subject Authority and Reference Entries: SGARE）」（1993）があるが，包括的な国際標準といえるものはない。

異なる索引言語間の変換用言語となることを役割の一つとして作られた分類表に，「BSO（Broad System of Ordering）」がある。ユネスコのUNISIST計画とFIDの協力によって，1970年代はじめに開発がはじまり，その後も改訂されている。

d. メタデータ

「ダブリン・コア」や「RDF」などメタデータ関連の標準化は，国際的非営利団体「W3C (World Wide Web Consortium)」によって行われている。W3Cの標準化文書は「勧告 (Recommendation)」と呼ばれ，強制力をもつものではないが，事実上の標準 (de-facto standard) としての影響力は強い。なお，ダブリン・コアはW3Cで定められた後，2003年にISO15836として，正式な国際標準となっている。

e. 書誌情報の検索

OPACなどのデータベース検索について，サーバとクライアントの情報のやりとりを標準化して，異なるシステム間の横断検索を容易にするための規格が，「Z39.50」である。これは，1988年に米国国内規格として生まれたものであるが，その後米国を中心に広く利用され，1998年に国際標準ISO23950となった（その後も一般には国内規格の名称Z39.50で呼ばれている）。

一方2001年には，各種電子情報の相互運用の促進を目的とする非営利団体「OAI (Open Archives Initiative)」によって，メタデータの一括収集・交換のためのプロトコル「OAI-PMH (Protocol for Metadata Harvesting)」が開発されている。

f. 標準番号（識別番号）

目録法ともつながりの深い「ISBN（国際標準図書番号）」「ISSN（国際標準逐次刊行物番号）」は，それぞれISO2108, ISO3297として標準化されている。ISBNは長く10桁であったが，2007年より13桁に拡張された。「国際ISBN機関」のもとで各国の管理機関（日本では日本図書コード管理センター）[1]が番号の割り当てを行っている。一方ISSN（8桁）は，UNISISTのもとで作られた「ISSNネットワーク」によって管理されている（日本の国内センターは国立国会図書館）。なお，ISSNにおいては番号とともにキー・タイトル（個々の雑誌を国際レベルで確実に識別できるよう考慮して作られたタイトル）が決定され，国際的に登録される。

---

1) わが国の出版流通業界においては，ISBNに「分類コード」等を加えたものが，「日本図書コード」として用いられている。

g. 学術情報流通

「ISO/TC46」の規格には,学術論文における参考文献の書き方や雑誌名・機関名の略記法といったものがいくつかある。これら学術情報の流通に関わる標準は,わが国では科学技術振興機構が管理する「科学技術情報流通技術基準 (Standards for Information of Science and Technology: SIST)」として整理されている。

第8章　補章：文書館や博物館における資料組織

「文書館」（文書類を扱う）や「博物館」（"物"資料を扱う）は，「図書館」と同じく大量の資料を扱う機関であり，これらは図書館の「類縁機関」といえる。情報通信技術の発達とともに，これら三館の資料情報の「横断的検索」や「横断的利用」が求められるようになってきた。したがって，今後は，図書館員にも，文書館や博物館の資料組織に関する概略的な知識くらいは，必要になってくるものと思われる。そこで，本章で，これらの世界における資料組織について，概略説明を行うことにする。なお，その際には，標準化やこれに準じる動きに焦点を当てる。

1. 文書館の資料組織

さまざまな組織が日々文書を作成し，これに基づいて組織活動を営んでいる。作成された文書は，やがて，その組織にとって不要なものとなり，廃棄対象となる。「文書館」は，廃棄対象となった文書のうち，歴史資料（史料）としての価値を有するものなどを保存し，利用できるようにする機関である。近年，このような価値を有する行政文書（公文書）を着実に保存し，後の利用に供することが重視されだし，公文書館（公文書を対象とする文書館）を設置する自治体が増えている。

文書館の資料は，英語では，一般に"archives"と呼ばれている。この語は，「記録史料」と訳されることが多いので，本書でも，一応，この訳語を採用することにする。

（1）標準化の動向

文書館の世界では，1990年代に入って，ようやく標準化の動きが目立つようになってきた。すなわち，「国際文書館評議会（International Council on Archives：ICA）」によって，1993年に記述標準が採択され，1995年には典拠レ

コード標準が採択された(なお,ICAは,図書館の世界のIFLAにおおよそ相当する組織である)。また,同95年には,「米国アーキビスト協会(Society of American Archivist: SAA)」によって,記録史料情報をコンピュータで処理するためのマークアップ形式が開発されることになり,現在,この形式が,事実上の標準(de-facto standard)となっている。

(2) 国際標準記録史料記述一般原則(ISAD(G))

文書館の世界の記述標準は,「国際標準記録史料記述一般原則(General International Standard Archival Description: ISAD(G))」と呼ばれている。これは,図書館の世界のISBD(G)に相当するものである。ただし,図書館の世界の場合は,ISBD(G)を基本的な枠組みとし,これに基づいて,資料種別ごとにさまざまなISBDが制定されているのに対して,文書館の世界の場合,記述標準はISAD(G)一つのみである。

文書館の世界では,一般に,記録史料の作成母体(もしくは出所)が重視される。それゆえ,資料組織に際しては,作成母体における記録史料のまとまりが基本単位とされる。そして,このまとまりを最上位とする階層構造が,記録史料に設定される。資料組織は,この階層構造に基づいて行われる。

ISAD(G)にもこのことが反映されており,これには,作成母体における記録史料のまとまりのレベルを最上位とし,一つひとつの記録史料のレベルを最下位とする,記述のための階層構造が設定されている(なお,最上位と最下位の中間には,作成母体の組織構造を反映したレベル,記録史料の保管構造を反映したレベルがある)。

ISAD(G)では,設定された階層ごとに,その階層(のレベル)に関する記録史料の情報が記述されることになる。このような記述は,「マルチ・レベル記述(multilevel description)」と呼ばれている。図書館の世界では,この語は多段階記述と訳されるが,文書館の世界のマルチ・レベル記述は,イメージとしては,図書館の世界の多段階記述を,詳細に展開した記述といえる。

なお,ISAD(G)の記述項目は,ISBDsと同じく,エリア—エレメント構造を有しており,これの最新版(第2版)は,7エリア,26エレメントからなる。

(3) 団体，個人，家のための国際標準記録史料典拠レコード（ISAAR (CPF)）

　文書館の世界では，記録史料の作成母体，すなわち，団体，個人，家が重視されている。そのため，「団体，個人，家のための国際標準記録史料典拠レコード（International Standard Archival Authority Record for Corporate Bodies, Persons and Families：ISAAR (CPF)）」という，典拠レコードの標準が制定されている。

　ISAAR (CPF) では，名称として採用する語や採用しない語のほかにも，作成母体に関する各種情報（例えば，所在，機能（団体の場合）や職業（個人，家の場合），関連する作成母体などの情報）をも採録することになっている。このことからわかるように，ISAAR (CPF) に基づく典拠レコードは，図書館の世界のそれよりも，念入りといえる。

(4) 符号化記録史料記述（EAD）

　図書館の世界では，MARC形式で書誌情報をマークアップし，コンピュータで処理可能なデータ（書誌レコード）を作成している。MARCが成立した1960年代は，標準的なマークアップ言語が開発されるはるか以前であり，その時代性を反映して，MARCでは，独特のマークアップ形式が採用されている。

　文書館の世界では，「符号化記録史料記述（Encoded Archival Description：EAD）」がマークアップ形式の事実上の標準となっている。EADという名称のもとでこれの開発が進められるようになったのが1995年以降であり，この時代性を反映して，EADでは，標準的なマークアップ言語であるXMLに基づくマークアップ形式が，採用されている。

2．博物館の資料組織

　「博物館」は非常にバラエティーに富んでおり人文・社会系博物館から，自然・工学系博物館まで，さまざまである。したがって，博物館で扱われる資料

も非常にバラエティーに富むことになる。また，図書館や文書館の資料は，大きく文献資料ということでひとくくりにできるが，博物館の資料は，基本的に，文献資料ではなく"物"資料である。これらのような特性のゆえ，博物館の資料組織の方法は，図書館や文書館のそれとは，かなり異なっている。

（1） 標準化の動向

博物館の世界では，1990年代に入って，ようやく標準化に準じる動きが目立つようになってきた。すなわち，「国際博物館会議（International Council of Museums：ICOM）」によって，1995年に資料情報の記述指針が作成され，1998年には，博物館資料情報のためのオントロジが開発された（なお，ICOMは，図書館の世界のIFLAにおおよそ相当する組織である）。

（2） 博物館資料情報のための国際指針

博物館の世界には，図書館や文書館の世界と異なり，記述標準は存在しない。その代わりに，記述標準に準じるものとして，「博物館資料情報のための国際指針（International Guidelines for Museum Object Information）」が作成されている（以下，IGMOIと略記する）。博物館の資料は非常にバラエティーに富み，博物館の事情もさまざまなので，博物館の世界では，標準（standard）で縛るのではなく，指針（guideline）を提示し，この指針を参考にしながら，各博物館で，独自に記述枠組みを設定するという方向性を打ち出している。

ISBDsやISAD(G)の記述項目は，エリア―エレメントという構造を有しているが，IGMOIも同様な構造を有している。ただし，名称は異なり，エリアに相当するものを情報グループ，エレメントに相当するものを情報カテゴリーと呼んでいる。ISBDsは8エリア，ISAD(G)は7エリアであるのに対して，IGMOIは22情報グループと，項目数が非常に多い。これには，博物館資料の場合，"物"としてのさまざまな側面を記す必要があり，また，これに関連する情報（例えば，誰が所有していたか，どこで発掘されたかなど）をも記す必要があることなどが，影響しているものと思われる。

ISBDs，ISAD(G)のエリア（やエレメント）は，記述の順にリスト・アッ

プされているのに対して，IGMOIの情報グループは，アルファベットの順にリスト・アップされている。IGMOIは，どのような順で記述するのかを示すものではなく，各博物館で記述項目を設定する際の参考にするものである。それゆえ，どのような項目があるのかの確認（検索）が容易になるよう，アルファベット順が採用されたのであろう。

（3） **概念参照モデル（CRM）**

　博物館の世界には，記述指針はあっても記述標準はない。したがって，博物館によって資料情報の記述パターンが異なることになる。しかし，そうなると，資料情報の横断検索や併合などを行う際に支障をきたすことになる。この問題を解決するために，「概念参照モデル（Conceptual Reference Model：CRM）」が開発された。現在，CRMはISO標準となっている（ISO21127）。

　CRMはオントロジと呼ばれるものであり，博物館の資料管理に必要とされる概念（記述項目）と概念間（記述項目間）の関係を分析したものである。CRMに設定された概念とその関係は，各博物館の記述項目と対応が付くよう，詳細に分析されている。なお，CRMでは，概念を実体，関係を属性と呼んでいる。

　CRMは，ウェブ上で各博物館の資料情報を検索できる状況を，前提としている。このような状況のもと，各博物館が，自身の記述項目をCRMに設定された実体（概念）と対応づければ，CRMを経由することにより（これを仲介させることにより），資料情報の横断検索や併合などが可能になるというわけである。

参考文献

アーカイブズ・インフォメーション研究会編訳．記録史料記述の国際標準．北海道大学図書刊行会，2001，164p.

アメリカ図書館協会ほか制定，Gorman, Michael and Winkler, Paul W. 共編．英米目録規則．第2版日本語版．日本図書館協会，1982，696p.

鮎澤修．分類と目録．日本図書館協会，1995，220p.（図書館員選書，20）

鮎澤修，芦谷清．資料分類法．第2版．東京書籍，1987，323p.（現代図書館学講座，4）

池田清彦．分類という思想．新潮社，1992，228p.（新潮選書）

ICOM-CIDOC編，鯨井秀伸編訳．文化遺産情報のData ModelとCRM．勉誠出版，2003，311p.（アート・ドキュメンテーション叢書，2）

IFLA書誌レコード機能要件研究グループ，和中幹雄ほか訳．書誌レコードの機能要件．日本図書館協会，2004，121p.

上田修一．書誌ユーティリティ：新たな情報センターの誕生．日本図書館協会，1991．223p.（図書館員選書，18）

川村敬一．サブジェクト・インディケーション：主題表示におけるエリック・コーツの寄与．日外アソシエーツ，1988，283p.

国立国会図書館編．JAPAN/MARCマニュアル，単行・逐次刊行資料編．第1版．日本図書館協会，2002，183p.

国立国会図書館編．JAPAN/MARCマニュアル，典拠編．第1版．日本図書館協会，2003，187p.

国立情報学研究所編．目録システム利用マニュアル．第5版．国立情報学研究所，2003，285p.

千賀正之．図書分類の実務とその基礎：データ作成と主題情報へのアプローチ．改訂版．日本図書館協会，1997，347p.

千賀正之，宮内美智子．資料組織概説・分類編．理想社，1998，148p.（新図書館情報学シリーズ，10-1）

Chan, Lois Mai, 上田修一［ほか］訳．目録と分類．勁草書房，1987，418p.

中尾佐助．分類の発想：思考のルールをつくる．朝日新聞社，1990，331p.（朝日選書，409）

中村幸雄．情報検索理論の基礎：批判と再検討．共立出版，1998，300p.

日本図書館協会目録委員会編．日本目録規則．1987年版改訂3版．日本図書館協

会, 2006, 445p.

日本図書館情報学会研究委員会編. 図書館目録とメタデータ：情報の組織化における新たな可能性. 勉誠出版, 2004, 193p.（シリーズ・図書館情報学のフロンティア, 4）

根本彰. 文献世界の構造：書誌コントロール論序説. 勁草書房, 1998, 273p.

Fugmann, Robert, 情報・インデクシング研究会訳. 情報・データベース構築の基礎理論. 情報科学技術協会, 1994, 355p.

古川肇. 資料組織概説. 改訂版. 仏教大学通信教育部, 2004, 209p.

丸山昭二郎編. 主題情報へのアプローチ. 雄山閣, 1990, 267p.（講座図書館の理論と実際, 4）

丸山昭二郎編. 目録法と書誌情報. 雄山閣, 1993, 270p.（講座図書館の理論と実際, 第3巻）

丸山昭二郎, 丸山泰通編. 図書分類の記号変換：DDC, LCC, NDC. 丸善, 1984, 222p.

丸山昭二郎［ほか］. 主題組織法概論：情報社会の分類／件名. 紀伊國屋書店, 1986, 224p.

Mills, J., 山田常雄訳. 現代図書館分類法概論. 日本図書館研究会, 1982, 193p.

緑川信之. 本を分類する. 勁草書房, 1996, 224p.

宮澤彰. 図書館ネットワーク：書誌ユーティリティの世界. 丸善, 2002. 193p.（情報学シリーズ, 5）

ミルズ, ジャックほか著, 田窪直規監訳. 資料分類法の基礎理論. 日外アソシエーツ, 1997, 309p.

もり・きよし. 資料分類法概論. 改訂版. 理想社, 1979, 163p.（図書館学テキストシリーズ, 3）

もり・きよし. NDC入門. 日本図書館協会, 1982, 178p.（図書館員選書, 2）

吉田政幸. 分類学からの出発：プラトンからコンピュータへ. 中央公論社, 1993, 200p.（中公新書, 1148）

吉田憲一編著. 資料組織演習. 新訂版. 日本図書館協会, 2002, 270p.（JLA図書館情報学テキストシリーズ, 10）

Lancaster, F. W. Indexing and Abstracting in Theory and Practice. Third Edition. University of Illinois Graduate School of Library and Information Science, 2003, 451p.

さくいん

あ，い

ISSNネットワーク 176, 181
アクセス・ポイント 2, 5, 21
アッシュールバニパル王 106
アレキサンドリア図書館 106
一館件名標目表 148
一館分類法 104
一般件名規程 164
一般分類規定 129
一般分類法 104, 113
一般補助表 121
移動排架法 98
印刷カード 175
印刷カード頒布サービス 175
インターネット資源選択的蓄積事業 178
インデキシング 83
インバーテッド・ファイル 92
インフォメーション・ゲートウェイ 9, 77
引用順序 137
引用文献 172

う，え，お

受入順記号 139
英国全国書誌 109, 174
英米コード 37
英米目録規則 38
英米目録規則第2版 38
エリア 27, 43
ERICシソーラス 170
エレメント 27, 43
横断検索 51
オトレ 108, 173
オリジナル・カタロギング 61, 62
音順標目表 149
オンディスク目録 50
オントロジ 10, 187
オンライン閲覧目録 5, 50
オンライン目録 50
オンライン利用者（用）目録 50

か

カード目録 7, 14, 18
下位語 85
外形式 54
階層構造標目表 156
階層表現力 105
概念参照モデル 187
海洋区分 126
科学技術情報流通技術基準 182
科学技術振興機構 165
学術機関リポジトリ 79
学術情報センター 67
学問の進歩 107
カッター 37, 108
カッター・サンボーン著者記号法 140
カリマコス 106
巻次記号 141
漢籍 48
間接サービス 2
観点分類法 105, 113
関連語 86

き

キー・タイトル 181
キーワード 85
機械可読目録 52
機械可読目録作業 52
議会図書館 53
機関リポジトリ 78
記述 5, 19, 21, 25
記述独立方式 24, 39
記述の基盤 29, 47
記述の精粗 43
記述目録法 22, 180
記述ユニット・カード 24
記述ユニット・カード方式 39
記述ユニット方式 24, 40
基礎書誌レベル 41
記入 18
基本カテゴリー 102
基本記入 24
基本記入方式 23, 24
基本件名標目表 149
逆ベーコン式 107
91ヵ条の規則 37
共通細目 →形式区分
共同目録作業 61
共同目録プログラム 177

さくいん

記録史料　183

く, け

区切り記号法　30
区分原理　95
区分原理の一貫性　95
区分肢　95
区分特性　95
区分の漸進性　96
区分の網羅性　96
クロスウォーク　76
群書類従　111
形式区分　122
継続刊行書誌単位　47
継続資料　46
形態に関する事項　46
ゲスナー　106, 173
言語共通区分　127
言語区分　126
検索　1
限定子付きダブリン・コア　74
件名規程　163
件名作業　162
件名典拠記入および参照記入のためのガイドライン　180
件名標目　148
件名標目表　6, 148
件名分類法　106, 108
件名法　84

こ

交差分類　95
更新資料　47
構成書誌単位　42
構成レベル　41

綱目表　116
国際十進分類法　108, 173
国際書誌協会　173
国際書誌コントロール　175
国際書誌コントロール・国際MARC　175
国際ドキュメンテーション連盟　173
国際図書館連盟　25, 175
国際博物館会議　186
国際標準化機構　176
国際標準記録史料記述一般原則　184
国際標準書誌記述　25, 38
国際標準逐次刊行物番号　47, 176, 181
国際標準図書番号　16, 181
国際文書館評議会　183
国際目録原則　36
国立国会図書館　52, 67, 79
国立国会図書館件名標目表　149, 157
国立国会図書館蔵書検索・申込システム　52
国立国会図書館分類表　111
国立情報学研究所　67, 78
固定排架法　98
コピー・カタロギング　61, 62
個別資料　31
固有補助表　128
コロン分類法　101, 109
混合記号法　105
コンピュータ目録　20, 50

さ

再現率　90, 91
最上位語　85
細目　153
細目表　116, 118
索引　9
索引語　6
索引作業　83
雑誌記事索引　9
サブジェクト・ゲートウェイ　9, 77
参照　34
参照語　148
参照MARC　62

し

JLA選定図書総目録　149
識別機能　15, 32
JICST（JST）科学技術用語シソーラス　165
事後組み合わせ索引法　86
事後結合索引法　86
四庫全書　173
四庫全書総目提要　173
四庫分類　111
辞書体目録　22
辞書体目録規則　37
書誌レコードの機能要件　31
事前組み合わせ索引法　86
事前結合索引法　86
自然語　6, 85, 142
シソーラス　6, 85, 164, 180
十進記号法　113
十進分類法　105
集合レベル　41

自由7科　106
集中　16
集中機能　32
集中目録作業　60
種概念　95
主題　3, 82, 100, 136
主題検索　2, 15, 82
主題組織　82, 83
主題組織作業　83
主題分析　83, 136
主題目録法　22, 180
出版・頒布等に関する事項　46
純粋記号法　105, 113
準列挙型分類法　108
上位語　85
彰考館目録　111
情報学　174
情報源　29, 43
情報交換用フォーマット　54, 180
抄録　9
書架記号　8, 139
書架分類　3
書架分類法　98, 107
書架目録　22
所在記号　8, 20, 138, 139
書誌　8
書誌階層　41
書誌記述　19
書誌コントロール　171
書誌コントロール（国際）　175
書誌コントロール（国内）　177
書誌コントロール（単位レベル）　172

書誌コントロール（複合レベル）　172
書誌情報　5, 11, 13
書誌単位　41
書誌調整　171
書誌的記録　18
書誌的要素　27, 43
書誌標準に関するIFLA-CDNL同盟　176
書誌分類法　98, 109
書誌分類法第2版　104
書誌ユーティリティ　64
書誌レコード　5
書誌レベル　41
シリーズに関する事項　46
資料種別　28, 30, 48
資料組織　1
資料の特性に関する事項　46
資料分類法　96
新聞記事索引　9

せ，そ

請求記号　8, 139
精度　90, 91
青年図書館員連盟　39, 112, 149
世界科学情報システム　176
世界書誌　106, 172, 173, 179
世界目録　172, 179
責任表示　45
セマンティック・ウェブ　10, 70
全国書誌　174
全文検索システム　86

専門分類法　104
相関索引　128
総合目録　4, 62
総合目録ネットワーク事業　68

た

第1次区分表　116
『大英図書館刊本目録』　37
体現形　31
第3次区分表　116
タイトルと責任表示に関する事項　45
タイトル標目　36
タイトル目録　22
第2次区分表　116
ダウンズ　112
ダウンズ報告書　112
多段階記述　42, 184
ダブリン・コア・メタデータ・イニシアチブ　73
ダブリン・コア・メタデータ・エレメント・セット　72
ダブリン・コア図書館応用プロファイル　75
ダム・ダウン原則　74
単一言語シソーラスの作成と開発のための指針　165, 180
単行書誌単位　42
単行レベル　41
団体，個人，家のための国際標準記録史料典拠レコード　185

さくいん

ち

地域細目 →地理区分
逐次刊行物 46
中間見出し 116
注記に関する事項 46
抽出索引法 84
直接参照 34
著作 17, 31
著作記号 141
著者記号法 140
著者基本記述方式 24, 32
著者標目 33
著者目録 22
著書標目 48
地理区分 124

て

ディスクリプタ 85, 165
データフィールド群 54
テキストマイニング 86
テクニカルサービス 2
デューイ 107
デューイ十進分類法 107, 112
展開分類法 108, 113
転記の原則 29, 43
典拠コントロール 35
典拠データの機能要件 37
典拠ファイル 6, 35
典拠レコード 35
典拠レコードと参照に関するガイドライン 180
電子資料 48
電子図書館 80
転置ファイル →インバーテッド・ファイル

と

統一タイトル 36, 48
統一標目 33
等価標目方式 23, 24
東京書籍館 111
東京書籍館目録 111
統制語 6, 85, 142
統制語彙表 6, 146
同定識別 25
ドキュメンテーション 173
特殊件名規定 164
特殊分類規程 129
特殊分類法→専門分類法
特定記入 164
特定資料検索 2
図書館 10, 183
図書館分類法 96
図書館流通センター 61
図書記号 139

な行

内形式 54
ニネヴェ宮殿 106
日本国見在書目録 111
日本十進分類法 112
日本全国書誌 174, 176
日本著者記号表 140
日本図書館協会 149
日本図書コード 181
日本図書コード管理センター 181
日本目録規則 39, 40
日本目録規則新版予備版 39
日本目録規則1987年版 40

は, ひ

ネーム・スペース 71
ネットワーク情報資源 9, 69
年代順記号法 139
ノイズ 91
ノーデ 107

バーチャル国際典拠ファイル 179
排架記号 8, 139
排列 3, 48
博物館 10, 185
博物館資料情報のための国際指針 186
八部門分類 111
パトナム 109
パニッツィ 37
パリ原則 15, 32
ハリス 107
版 17, 26, 31
版次記号 141
版に関する事項 46
被区分体 95
非十進分類法 105
非統制語 85, 142
ピナケス 106
非優先語 85
表現形 32
標準引用順序 101
標準件名標目表 148
標準番号, 入手条件に関する事項 46
標準分類法 104, 113
標目 7, 19, 21, 48
標目指示 20
品質管理 62, 67

ふ, へ, ほ

ファインディング・リスト 15
ファセット 89, 102
ファセット式 101
ファセット分析 167
ファセット分類法 102
複合主題 100
副出記入 24
複本記号 141
符号化記録史料記述 185
物理単位 42
付与索引法 84
ブラウン 106, 108
ブラウン年代記号法 139
ブリス 109
ブリュネ 107
フレンチ・システム 107
文学共通区分 127
文献的根拠 111
分出記録 42
文書館 10
分析合成型分類法 99, 101
分担目録作業 61
分類 94
分類記号順標目表 155
分類記号への変換 137
分類規程 129
分類作業 135
分類の原理 95
分類表 6
分類法 84, 97
分類法研究グループ 104

米国アーキビスト協会 184
米国議会図書館件名標目表 159
米国議会図書館分類表 109
米国研究図書館連合 64
ベーコン 107
別置記号 141
補記 43
補助記入 141
補助表 121
本朝書籍目録 111
翻訳 83, 136

ま行

MARCフォーマット 53, 180
MARCレコード 18
間宮商店 149
マルチ・レベル記述 184
ミルズ 109
名称典拠共同プログラム 177
名称典拠ファイル 35
メタデータ 10, 13, 70, 181
メタデータ・データベース共同構築事業 78
メタデータ記述言語 71
メタデータ規則 70
メタデータ標準 71, 72
目録 4, 11
目録規則 23
目録記入 18

目録法 13
目録法原則国際会議 32, 38
目録レコード 5
森清 112
モレ 91
文書館 183

ゆ, よ, ら行

優先語 85
ユネスコ 176
要目表 116
ラ・フォンテーヌ 108, 173
ランガナータン 109
ランガナータン年代記号法 139
リベラル・アーツ 106
類縁機関 10, 183
類概念 95
類目表 116
ROOTシソーラス 167
レコード 18
レコード終端記号 54
レコードディレクトリ 54
レコードラベル 54
列挙型分類法 99, 113
連結参照 34

わ, を

和古書 48
を見よ参照 34
をも見よ参照 34

欧文さくいん

A AACR1 38
AACR2 38
access point 21
added entry 24
Advancement of learning 107
Anglo-American Cord 37
archives 183
area 27
Ashurbanipal 106
assigned indexing 83
authority control 35
authority file 35
authority record 35

B Bacon, F. 107
Basic Subject Headings →BSH
BC 109
BC2 104
Bibliographic Classification →BC
bibliographic control 171
bibliographic information 13
bibliographic record 18
Bibliotheca Universalis 106, 173
Bliss, H. E. 109
BNB 109, 174
British National Bibliography →BNB
Broad System of Ordering →BSO
Broader Term →BT
Brown, J. D. 109
Brunet, J. C. 107
BSH 149
BSO 104, 110, 180
BT 85, 152

C C. A. Cutter's alphabetic-order table, altered and fitted by three figures by Miss E. Sanborn 140
Callimachus 106
CAN/MARC 53
catalog 11
cataloging 52
Cataloging In Publication →CIP
cataloging rules 23
CC 101, 109
CIP 178
citation order 137
Classification Research Group →CRG
collocation 16
Colon Classification →CC
Conceptual Reference Model →CRM
Connexion 77
controlled vocabulary 85, 142
Cooperative Online Resource Catalog →CORC
CORC 77
CRG 104
CRM 187
Cutter, C. A. 37, 108

D DC Library Application Profile →DC-Lib
DC-Lib 75
DCMES 72, 73, 74
DCQ 74
DDC 107, 112
derived indexing 84
description 19
descriptive cataloging 22
descriptor 85
Dewey Decimal Classification →DDC
Dewey, M. 107

dictionary catalog 22
Downs, R. B. 112
Dublin Core Metadata Element Set
  →DCMES
Dublin Core Metadata Initiative
  →DCMES
Dumb Down principle 74
E EAD 185
EC 108, 113
edition 17
element 27
Encoded Archival Description
  →EAD
entry 18
Expansive Classification →EC
Extensible Markup Language
  →XML
F facet 87
Federation International de Documentation →FID
FID 173
finding list 15
forbidden term 85
Format for Information Exchange
  54, 180
FRAD 37
FRBR 31
Functional Requirements for Authority Data →FRAD
Functional Requirements for Bibliographic Records →FRBR
G GARR 180
General International Standards Archival Description →ISAD(G)
Gesner, C. 106, 173
Guidelines for Authority Records and References →GARR

Guidelines for Subject Authority Reference Entries →SGARE
Guidelines for the Establishment and Development of Monolingual Thesauri 165
Guidelines for the Establishment and Development of Monolingual Thesauri 180
H Harris, W. T. 107
heading 7, 19
HTML 70
Hyper Text Markup Language
  →HTML
I ICA 183
ICABS 176
ICCP 32, 38
ICOM 185
IFLA 25, 125
IFLA-CDNL Alliance for Bibliographic Standards →ICABS
IIB 173
indexing 83
information science 173
Institut International de Bibliographie →IIB
International Cataloguing Principles
  36
International Conference on Cataloguing Principles →ICCP
International Council of Museums
  →ICOM
International Council on Archives
  →ICA
International Federation of Library Associations and Institutions
  →IFLA
International Guidelines for Museum

さくいん

Object Information 185
International Organization for Standardization →ISO
International Standard Archival Authority Record for Corporate Bodies,Persons and Families →ISAAR
International Standard Bibliographic Description →ISBD
International Standard Book Number →ISBN
International Standard Serial Number →ISSN
inverted file 92
ISAAR(CPF) 185
ISAD(G) 184
ISBD 25, 38
ISBDs 26
ISBN 16, 181
ISO 176
ISO2108 181
ISO2709 54, 180
ISO2788 165, 180
ISO3297 181
ISO15836 74, 181
ISO21127 187
ISO23950 181
ISSN 181

J Japan Biblio disc →J-BISC
Japan Science and Technology Agency →JST
JAPAN/MARC 53, 55
J-BISC 55
JDream Ⅱ 165
JST 165

K keyword 85
KWIC 143
KWOC 143

L La Fontaine, H. 108, 173
LC 53
LC/MARC 53
LCC 109
LCSH 159
Library of Congress Classification →LCC
Library of Congress Subject Headings →LCSH
Library of Corgress →LC
Luhn, H. P. 165

M Machine Readable Catalog(ing) 52
main entry 24
MARC 52
MARC21 53
MARC XML 76
metadata 10, 13, 70
Metadata Object Description Schema →MODS
Mills, J. 109
MODS 76
multilevel description 184

N NACO 177
NACSIS 67
NACSIS-CAT 63
NAM 140
Name Authority Cooperative Program →NACO
name authority file 35
name space 71
Narrower Term →NT
National Bibliography 174
National Center for Science Informations System →NACSIS
National Diet Library →NDL
National Diet Library Classification

→NDLC
National Diet Library List of Subject Headings →NDLSH
National Diet Library Online Public Access Catalog →NDL
National Institute of Informatics →NII
National Union Catalog 175
natural language 85
Naude, G. 107
NCR 39, 40
NDC 112
NDL 52, 80
NDLC 111
NDLSH 157
NII 67, 78
Nippon Author Marks →NAM
Nippon Cataloging Rules →NCR
Nippon Decimal Classification →NDC
non-controlled vocabulary 85, 142
non-preferred term 85
Norrower Term →NT
NT 85, 152

O OAI 181
OAI-PMH 78, 181
OCLC 63
Ohio College Library Center 63
Online Computer Library Center 63
Online Public Access Catalog →OPAC
ontology 10, 187
OPAC 5, 11, 50
Open Archives Initiative →OAI
Open Archives Initiative Protocol for Matadata Harvesting →OAI-PMH
Otlet, P. 108, 173

P Pannizi, A. 37
Paris Principles 32
PCC 177
Pinakes 106
PMEST 102
post-coordinate indexing 86
precoordinate indexing 86
preferred term 85
Program for Cooperative Cataloging →PCC
Protocol for Metadata Harvesting 181
punctuation 30
Putnam, H. 109

Q Qualified Dublin Core →DCQ

R Ranganathan, S. R. 109
RDA 39
RDF 71
Related Term →RT
relative index 128
Reseach Libraries Group →RLG
Research Libraries Information Network →RLIN
Resource Description and Access →RDA 39
Resource Description Framework →RDF
retrieve 1
RLG 64
RLIN 64
Roget, P. M. 165
RT 86, 152

S SA 153
SAA 184
Sbject Classification →SC
SC 108
Scope Note →SN

さくいん

See Also →SA
see also reference 34
see reference 34
Semantic Web 10, 70
SGARE 180
SIST 182
SN 153
Society of American Archivist
 →SAA
specific entry 164
standard citation order 104
Standerds for Information of science and Technology →SIST
subject analysis 83
subject cataloging 22
T thesaurus 164
Thesaurus of ERIC Descriptors 170
Top Term →TT
Tosyokan Ryutu Center →TRC
tracing 20
TRC 61
TRC MARC 61
TT 85, 152
U UBC 175
UBCIM 175
UDC 108, 173
UF 152
UK/MARC 53
UNESCO 176
uniform heading 33
uniform title 36
UNIMARC 54, 180
union catalog 4, 62
UNISIST 176
United Nations Informations System in Science and Technology →UNISIST

Universal Bibliograhic Control and International MARC →UBCIM
Universal Bibliographic Contral →UBC
Universal Decimal Classification →UDC
Universal MARC →UNIMARC
US/MARC 53
Used For →UF
UTLAS 64
V VIAF 179
Virtual International Authority File →VIAF
W W3C 181
WARP 178
Web Archiving Project →WARP
Web OPAC 14, 50
Western Library Network 64
WLN 64
work 17
World Cat 66
World Wide Web Consortium →W3C
X XML 70
Z Z39.50 181

シリーズ監修者

高山正也　国立公文書館館長
たかやままさや　慶應義塾大学名誉教授

植松貞夫　筑波大学教授
うえまつさだお

執 筆 者

田窪直規（たくぼ・なおき）
- 1955　大阪府に生まれる
- 図書館情報大学研究科終了（博士）
- 奈良国立博物館仏教美術資料研究センター研究官を経て
- 現在　近畿大学教授
- 著書，論文等多数

小林康隆（こばやし・やすたか）
- 1953　東京都に生まれる
- 1977　神奈川大学外国語学部卒業
- 東京農業大学図書館，東京情報大学教育研究情報センターなどを経て
- 現在　聖徳大学人文学部准教授
- 主著　「ネットワーク情報資源と分類」『情報の科学と技術』53(6)，「より良いNDCを目指して－DDCとの比較研究を通じて－」『現代の図書館』32(2)ほか

山﨑久道（やまざき・ひさみち）
- 1946　東京都世田谷区に生まれる
- 1969　東京大学経済学部経済学科卒業
- 1999　東北大学より博士（情報科学）の学位授与
- 株式会社三菱総合研究所，宮城大学などを経て
- 現在　中央大学文学部教授（社会情報学専攻）
- 主著　『文献情報の蓄積・検索に利用されるファセット分析に基づくシソーラスの開発に関する研究』（博士論文），『専門図書館経営論』日外アソシエーツほか

岡田　靖（おかだ・やすし）
- 1944　東京に生まれる
- 1969　東京教育大学文学部卒業
- 1973　慶應義塾大学大学院文学研究科図書館・情報学専攻修士課程修了
- 図書館短期大学，図書館情報大学の教職を経て
- 現在　鶴見大学文学部教授
- 主著　『主題組織法概論』（共著）紀伊國屋書店，『三訂資料組織演習』樹村房ほか

村上泰子（むらかみ・やすこ）
- 京都大学大学院教育学研究科博士後期課程単位取得退学
- 現在　関西大学文学部教授
- 主著　『Web授業の創造』（共著）関西大学出版部，『学校図書館メディアの構成』（共著）樹村房ほか

渡邊隆弘（わたなべ・たかひろ）
- 1962　三重県に生まれる
- 京都大学文学部史学科卒業，大阪教育大学教育学研究科修士課程修了
- 神戸大学附属図書館を経て
- 現在　帝塚山学院大学人間科学部准教授
- 主著　『逐次刊行物』（分担執筆）日本図書館協会，『知っておきたい大学図書館の仕事』（分担執筆）エルアイユー

新・図書館学シリーズ 9

三訂 資料組織概説

平成 9 年12月15日	初 版 発 行
平成13年 3 月20日	第　5　刷
平成14年 3 月 5 日	改訂第 1 刷
平成18年 2 月20日	改訂第 5 刷
平成19年 3 月27日	三訂第 1 刷
平成23年 2 月24日	三訂第 5 刷

著者ⓒ　規 靖 隆子
　　　　直 康 隆 道
　　　　窪 林 泰 弘
　　　　田 上 久
　　　　岡 村 﨑 邊 隆
　　　　田 小 山 渡

検印廃止

発行者　大 塚 栄 一

発行所　株式会社 樹村房
　　　　　　　　JUSONBO

〒112-0002　東京都文京区小石川 5 丁目11番 7 号
電　話　東　京 (03) 3868-7321(代)
FAX　　東　京 (03) 6801-5202
　　　　http://www.jusonbo.co.jp/
振替口座　　00190-3-93169

製版印刷・亜細亜印刷／製本・愛千製本

ISBN978-4-88367-135-9
乱丁・落丁本はお取り替えいたします。

樹村房

高山正也　植松貞夫　監修　**新・図書館学シリーズ**

＊は編集責任者　（Ａ５判）

①改訂 図書館概論	＊植田　貞夫 寺袋　光孝 薬袋　秀樹	志保田　務 永田　治樹 森山　光良	1,995円（税込）
②改訂 図書館経営論	＊高山　正也 岸田　和明 村田　文生	加藤　修子 田窪　直規	1,995円（税込）
③改訂 図書館サービス論	＊高山　正也 斎藤　泰則 宮部　頼子	池内　淳 阪田　蓉子	1,995円（税込）
④改訂 情報サービス概説	＊渋谷　嘉彦 杉江　典子	大庭　一郎 梁瀬　三千代	1,995円（税込）
⑤改訂 レファレンスサービス演習	＊木本　幸子 堀込　静香	原田　智子 三浦　敬子	1,995円（税込）
⑥三訂 情報検索演習	＊原田　智子 小山　憲司	江草　由佳 澤井　清	1,995円（税込）
⑦改訂 図書館資料論	＊平野　英俊 岸田　和明	岸　美雪 村上　篤太郎	1,995円（税込）
⑧改訂 専門資料論	＊戸田　光昭 澤井　清 仁上　幸治	金　容媛 玉手　匡	1,995円（税込）
⑨三訂 資料組織概説	＊田窪　直規 小林　康隆 山崎　久道	岡田　靖 村上　泰子 渡邊　隆弘	1,995円（税込）
⑩三訂 資料組織演習	＊岡田　靖 菅原　春雄 渡部　満彦	榎本　裕希子 野崎　昭雄	1,995円（税込）
⑪改訂 児童サービス論	＊中多　泰子 宍戸　寛	汐﨑　順子	1,995円（税込）
⑫ 図書及び図書館史	＊寺田　光孝 村越　貴代美	加藤　三郎	1,995円（税込）
資料分類法及び演習　第二版	＊今　まど子	西田　俊子	1,995円（税込）

司書・学芸員をめざす人への 生涯学習概論	＊大堀　哲 中村　正之 村田　文生	高山　正也 西川　万文	1,995円（税込）
生涯学習・社会教育概論	稲生　勁吾　編著		1,890円（税込）
図書館学基礎資料　第十版	今　まど子　編著		1,050円（税込）
改訂 視聴覚メディアと教育	佐賀　啓男　編著		1,995円（税込）